SOUVENIRS DE FAMILLE

LE

VOYAGE EN ITALIE

1858

PARIS

IMPRIMERIE DE E. DONNAUD

RUE CASSETTE, 9.

1877

SOUVENIRS DE FAMILLE

LE

VOYAGE EN ITALIE

1858

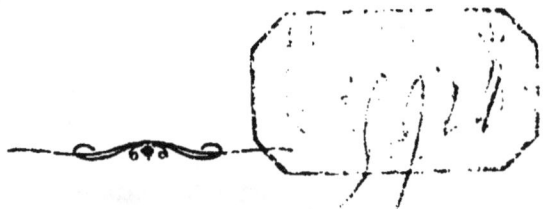

PARIS

IMPRIMERIE DE E. DONNAUD

RUE CASSETTE, 9.

1877

A LA MÉMOIRE

DE

MES TROIS COMPAGNES DE VOYAGE

CLOTILDE-LÉONIE MARTIN-SOLON

CAROLINE-AMANDA THIBAULT

MADAME VEUVE MARTIN-SOLON

————————

LE

VOYAGE EN ITALIE

Ce voyage a été organisé à l'occasion de mon second mariage qui date du 26 juillet 1858. A ce titre, il occupe une place exceptionnelle dans mon existence, et c'est pourquoi j'ai désiré en écrire une relation et la dédier à celles dont les affections m'ont été ravies par une mort prématurée. Il y aura pour moi un charme douloureux à repasser ainsi les pas communs que nous avons faits ensemble dans la vie.

A. T.

Avril 1877

DE PARIS A BÉRISAL

Route du Simplon

Partis de Paris le ¡9 août 1858 par le train express pour Genève, nous arrivions à Brieg dans le Haut-Valais le lundi 23 août, vers onze heures du matin.

Voici comment notre itinéraire avait été réglé: à Genève, nous nous étions embarqués le 21 août pour faire la traversée du lac jusqu'à Villeneuve. De Villeneuve un tronçon de chemin de fer nous avait conduits à Bex, et de Bex une voiture de correspondance nous avait transportés à Martigny. Là, nous avions été mis en rapport avec un *vetturino* nommé Giovanni Posgetti, qui mit à notre disposition une magnifique berline à quatre chevaux pour la traversée du Simplon.

Nous étions donc repartis de Martigny le 22 août, vers midi, dans notre équipage ; nous avions passé la nuit à Tourtemagne, et Giovanni s'arrêtait à Brieg le 23 août, pour y prendre des chevaux de renfort avec un postillon, parce que c'est là que commencent les montées du Simplon.

Brieg est situé au milieu d'un cercle de montagnes et dans un angle formé par le confluent du Rhône et de la Saltine.

La route du Simplon, que nous allions parcourir, a été ouverte par Napoléon Ier, pour relier par une voie permanente le canton du Valais au Piémont et à l'Italie ; elle a 13 lieues 1/3 de longueur, 8 mètres de largeur et seulement 70 millimètres de pente sur 2 mètres, de sorte que les voitures peuvent la descendre sans enrayer ;

trois voitures pourraient la descendre de front. Elle abonde en magnifiques perspectives qui en font une route de prédilection pour les touristes amateurs des grandes scènes de la nature.

La montée du Simplon

Vers une heure de l'après-midi, nous partîmes de Brieg avec cinq chevaux de poste attelés à notre berline, et un postillon qui les conduisait. J'avais quitté l'intérieur de la voiture et pris place dans le cabriolet afin d'être plus à même d'admirer toutes les beautés des tableaux alpestres. Giovanni, notre conducteur, nous suivait avec ses propres chevaux dont l'un trottait en toute liberté.

La route s'élève d'abord en zigzag et serpente à travers des prairies d'une verdure admirable, et dont les mouvements sont extrêmement accidentés ; puis, se dirigeant vers le Klen-horn par une montée difficile, elle débouche le long des précipices qui forment la gorge de la Saltine, et séparent le Klen-horn de la montagne du Glys-horn qui lui est opposée. Des hauteurs où elle est parvenue, on découvre alors un panorama de toute beauté.

La longue vallée du Rhône se déployait sous nos regards avec la foule de chalets, de cabanes, de hameaux et de villages qu'elle offre dans toutes ses directions. Sur l'arrière-plan la chaîne immense des Alpes étalait devant nous ses cimes couronnées de neiges éclatantes et qui dessinaient merveilleusement sur l'azur du ciel leurs formes anguleuses et mouvementées. A l'extrémité nous apercevions dans le lointain le cône neigeux du Finsteraar-horn, et, d'une manière beaucoup plus distincte, l'énorme glacier d'Aletsch, dont les pyramides de glace formaient comme des lignes brisées au milieu des surfaces plus unies de neige qui les avoisinaient.

La route, en découvrant pour nous à chacun de ses détours toutes les variétés de ce vaste horizon, contournait le sommet du Klen-horn que nous avions à notre gauche, et se déroulait le long d'un escarpement à pic couvert d'une multitude de pins qui semblaient debout les uns sur les autres. Les pins décoraient également le ravin de droite jusque dans ses dernières profondeurs; ils formaient comme une forêt étagée perpendiculairement de chaque côté du chemin, et qui finit par intercepter nos belles perspectives.

On arrive ainsi, toujours en côtoyant le Klen-horn, dans la vallée de la Ganther, remarquable par la magnificence de ses verdures, et au fond de laquelle roule le torrent qui porte ce nom. Tout le côté de la montagne qui ferme la vallée à gauche, constitue une masse de rochers de toutes dimensions qui sont mêlés çà et là avec des pins de la plus belle venue. A l'extrémité de cette vallée sauvage où la nature alpestre se déploie avec un caractère tout particulier de sublimité, la route va traverser le torrent de la Ganther sur un beau pont de 20 mètres de large ; de là elle nous conduisit enfin à Bérisal, maison de poste et auberge où nous devions passer la nuit.

———

DE BÉRISAL A DOMO D'OSSOLA

Les gorges du Gondo

Le lendemain (c'était le mardi 24 août), nous nous sommes levés aux premiers rayons d'un brillant soleil qui nous promettait une très-heureuse journée.

Giovanni avait joint aux quatre chevaux de son attelage deux chevaux de poste, dont l'un était monté par un postillon.

Nous partîmes à six heures et demie du matin, conduits ainsi d'une façon princière par six chevaux, pour nous élever au point culminant de la route. Après avoir dépassé l'extrême limite des belles forêts de pins qui continuaient à nous border à droite et à gauche, nous arrivâmes à la première des galeries taillées dans le roc et qui ont été établies pour la sûreté des voyageurs dans les endroits les plus exposés à la redoutable action des avalanches.

Cette première galerie a 30 mètres de long ; la seconde, construite en grande partie en maçonnerie et percée de onze ouvertures en forme de fenêtres, offre cette particularité qu'un torrent passe par-dessous et l'avalanche par-dessus.

Rien de plus curieux que l'aspect de ces galeries sombres, lugubres et humides. L'eau qui coule constamment des montagnes ou qui provient des neiges fondues s'infiltre à travers les parois des rochers, y forme en certains endroits de nombreux stalactites et détrempe incessamment le sol de la route. Nous étions, dans ces parages désolés, parvenus à la partie nue et stérile du Simplon, tout près des neiges perpétuelles. Nous avions retrouvé les vastes horizons qui font le charme de ces solitudes grandioses.

Un peu au delà de la troisième galerie, au-dessus de laquelle passe une cascade retentissante, la route forme un dernier contour à l'extrémité duquel s'élève une croix de bois, qui indique le point culminant du passage (2,193 mètres au-dessus du niveau de la mer).

Nous étions adossés aux dernières cimes du Monte-Leone, du Breit-horn et du Simplon. Une large ouverture nous laissait apercevoir dans le lointain les montagnes de l'Oberland et les glaciers d'Aletsch et du Rhône.

A ce sommet, notre postillon nous quitta avec les deux chevaux de poste.

A partir de ce point commence la descente au milieu de rocs nus, escarpés, et entre des montagnes extrêmement sauvages.

Nous vîmes bientôt, à gauche, l'édifice qui forme le nouvel hospice fondé par Napoléon 1er.

Un peu plus loin apparaît l'ancien hospice, grosse tour carrée construite dans un vallon sans arbres, sans vue, entouré de cimes arides qui présentent l'aspect le plus triste. Ces déserts affreux se prolongent jusqu'au village du Simplon situé au fond d'un entonnoir à 1,513 mètres au-dessus du niveau de la mer.

L'œil est heureux d'y revoir de fraîches prairies au milieu desquelles coule un torrent, et qui sont au bas de belles montagnes boisées.

Mais la vallée, au lieu de s'élargir, se rétrécit à mesure que l'on descend, et la route s'engage dans un défilé effrayant connu sous le nom de gorge du Gondo, qu'Alexandre Dumas, dans ses impressions de voyage, a caractérisé ainsi : chef-d'œuvre divin de décoration terrible qu'aucun pinceau ne peut imiter, qu'aucune plume ne peut décrire, qu'aucun récit ne peut rendre.

M. le comte Walsh dit qu'il n'a vu rien de plus pittoresquement beau dans son voyage en Suisse.

Entre deux escarpements d'une hauteur prodigieuse qui paraissent avoir été formés par le déchirement violent d'une montagne de granit, la route surplombe une suite de gouffres au travers desquels roule en rugissant le torrent de la Doveria formé par la jonction de deux cataractes, le Krumbach et la Quirna. Cette sublime horreur se prolonge sur une longueur de près de trois lieues. Nos yeux contemplaient avec effroi ces blocs immenses qui se dressaient de chaque côté, étonnant le regard par la majesté de leurs proportions et la bizarrerie incroyable de leurs formes.

La galerie d'Algabi, la première que l'on rencontre du côté de l'Italie, sert en quelque sorte de vestibule à cette gorge sauvage. La route, taillée dans le roc granitique et comme suspendue sur les abîmes, traverse ensuite la Doveria sur un pont de bois nommé *Ponte alto*, se prolonge le long de ses bords, et ne tarde pas à s'enfoncer sous la galerie de Gondo longue de 224 mètres et qui est regardée comme l'ouvrage le plus étonnant de tous ceux que présente cet admirable passage. La sortie conduit à un pont de pierre d'une seule arche, au-dessous de laquelle s'engouffre avec un bruit infernal la cataracte de la Frasinone, tombant du haut des rochers qui surplombent la route à gauche, et dont les eaux mugissantes vont cent pieds plus bas grossir le torrent de la Doveria.

Tout cela est d'une beauté dont l'imagination ne peut se faire une idée; nous étions dans une extase continuelle de stupeur et d'admiration.

Nous atteignîmes ainsi le misérable village du Gondo, qui touche aux limites extrêmes du Valais et du Piémont; une petite chapelle, construite sur le bord de la route, indique la ligne de démarcation entre les deux États; mais la douane sarde est établie à Isella, où la voiture vint stationner à l'hôtel de la Poste pour la collation de midi.

Nous restâmes deux heures à Isella pour donner le temps à Giovanni de faire reposer ses chevaux.

Vers le soir, nous arrivions à Domo d'Ossola, dont la jolie vallée est entourée d'un cercle de hautes montagnes boisées, mais très-écartées. Au milieu de cette vallée coule le torrent de la Toza.

Domo d'Ossola a un aspect gai, vivant et animé; nous y logeâmes à l'hôtel d'Espagne; la température y était très-chaude.

Le Lac Majeur. — Les îles Borromées

Le mercredi 25 août, vers onze heures du matin, nous découvrions les eaux enchantées du lac Majeur, où, selon l'expression d'un guide italien, les îles Borromées, semblables à des naïades sortant du sein des ondes, étalent aux regards surpris leurs bizarres merveilles.

Notre voiture s'arrêta à Baveno, aux bords mêmes du lac. C'est là que nous devions d'abord nous séparer de Giovanni; mais nous avions été tellement satisfaits de ses procédés à notre égard, et cette façon de voyager nous avait paru si agréable, que je me décidai à le garder pour nous conduire jusqu'à Milan ; il fut donc convenu que nous irions faire une excursion aux îles Borromées et qu'ensuite nous reprendrions l'équipage de Giovanni pour aller coucher à la petite ville d'Arona.

Après une collation faite à l'hôtel où nous étions descendus, nous louâmes une barque, et deux vigoureux rameurs se chargèrent de nous conduire aux îles.

Rien ne saurait rendre le charme de cette promenade sur le lac dont les eaux bleues, d'une admirable transparence, réfléchissaient l'azur resplendissant du plus beau ciel d'Italie.

Au bout d'une demi-heure, nous abordâmes à l'île qui porte le nom d'Isola-Madre, ou île mère. Un jardinier vint nous y recevoir et nous ouvrir la porte qui donne entrée dans les jardins de l'île. Quatre terrasses étagées les unes au-dessus des autres y offrent de nombreux échantillons en pleine terre des plantes exotiques les plus variées. L'œil est charmé à la vue de cette riche et luxuriante végétation du Midi, qui s'étale ainsi, dans l'encadrement de ce lac ravissant, sur des pelouses magnifiques parsemées d'aloès, de cyprès, de cèdres et de bananiers, le tout au pied des Alpes, à une journée seulement des neiges éternelles du Simplon et des solitudes désolées que nous avions parcourues la veille. Ce contraste subit produit le plus grand effet.

De là, nous nous rendîmes à l'Isola-Bella où le prince Borromée possède un château qu'il nous fut permis de visiter. Ce que nous avons remarqué particulièrement, ce sont les grottes en rocaille et en mosaïque formant comme un palais souterrain qui sort du sein des eaux : on y voit des statues de naïades aux urnes renversées qui donnent à tout cet ensemble un aspect vraiment original.

Les terrasses de l'île sont au nombre de dix ; on peut s'y promener à travers des allées d'orangers, entre des avenues de magnolias, sous des berceaux de cédrats chargés de fruits et dans un bois de lauriers d'une grande beauté.

Vers quatre heures de l'après-midi, nous terminions cette excursion si intéressante. Giovanni nous attendait à l'hôtel avec ses quatre chevaux et sa berline, et nous partîmes immédiatement de Baveno.

A six heures et demie, nous faisions notre entrée dans la petite ville d'Arona, où Giovanni nous fit descendre à l'hôtel de la Poste. On nous donna trois chambres avec un immense salon où nous étions comme perdus : nous avions six fenêtres ayant vue sur le lac Majeur.

Le soir, après le dîner, nous sommes restés longtemps à nos fenêtres, promenant nos regards sur les belles eaux du lac qui s'étendait à nos pieds ; la lune, dans son plein, pareille à une lampe d'or, projetait au sein des eaux ses rayons aux teintes chaudes et colorées : c'était un spectacle charmant auquel nous eûmes bien de la peine à nous arracher, tant la soirée était délicieuse !

MILAN ET LE DOME

Tombeau de saint Charles

Le 26 août, notre équipage nous amenait dans la ville de Milan où nous fîmes notre entrée à quatre heures de l'après-midi, par l'arc triomphal du Simplon qui précède la place d'Armes, bordée d'un côté par l'amphithéâtre des arènes, et de l'autre, par le château fort servant alors de citadelle. Giovanni nous conduisit à l'hôtel de la Grande-Bretagne. C'est là que, n'ayant plus besoin de ses services, nous fûmes obligés de nous séparer de lui.

C'était, nous devons le reconnaître, le plus courtois et le meilleur des voiturins; et nous étions tellement habitués à lui que ce fut presque un regret pour nous de le quitter. Mais nous avions désormais le chemin de fer pour nous conduire jusqu'à Venise.

Le 27 août, notre première visite fut pour la cathédrale, ou le Dôme, la merveille de la cité. Qu'on se figure une montagne de marbre blanc taillée, sculptée, ciselée dans toutes ses parties. Autour de cette montagne s'élancent cent trente-six clochetons sveltes et gracieux : on dirait les pyramides blanches d'un glacier. Trois mille statues de saints et de saintes peuplent cette forêt ouvragée dont les pointes se perdent dans les airs. Une statue de bronze doré représentant la sainte Vierge domine la plus haute aiguille de la coupole, et forme en quelque sorte le centre de ce magnifique monument.

L'intérieur de la cathédrale est extrêmement vaste et offre de nombreuses curiosités ; nous l'avons parcouru en détail, et nous sommes montés ensuite au dôme : 486 marches conduisent à la plate-forme de la coupole. De là nous eûmes le point de vue le plus étendu, le plus grandiose et le plus lumineux qui ait jamais frappé mes regards. A l'Orient, on apercevait des plaines fertiles qui se prolongeaient en se fondant dans l'azur de la mer Adriatique. Au midi, on distinguait la longue chaîne des Apennins dont les masses noires se détachaient sur les lointains de l'horizon, tandis qu'à l'ouest et au nord les hautes cimes des Alpes, avec leurs neiges éternelles, traçaient un immense arc de cercle d'une beauté incomparable : on pouvait voir facilement à l'œil nu le mont Viso, le mont Cenis, le mont Rosa, le mont Blanc, le Grand Saint-Bernard, le Simplon, la Jungfran, le Saint-Gothard, le Splugen et les montagnes des Grisons qui se relient à celles du Tyrol, au milieu desquelles on remarquait le Stellio, qui possède la route la plus élevée de l'Europe. Pas un nuage ne nous cachait les variétés de ce panorama gigantesque.

Le sacristain qui nous conduisait nous expliquait toute la suite de ces montagnes, et nous prêtait une jumelle pour nous donner la faculté de les mieux voir encore ; il disait qu'il y avait plus de trois mois que le ciel n'avait présenté une aussi grande pureté. Nos regards se portaient aussi autour de nous sur la ville de Milan qui s'étendait à nos pieds, et sur les admirables clochetons de la cathédrale ornés de leurs statues parmi lesquelles on nous fit remarquer celle de Rebecca par Canova, et celles d'Adam et de Caïn par Michel-Ange.

Ces superbes arceaux ornés de dentelles de marbre blanc, ces escaliers de marbre qui conduisent d'aiguille en aiguille, cette population de statues qui forment comme une cité aérienne de saints et de saintes groupés autour de la sainte Vierge, ce ciel bleu d'azur qui nous inondait de ses clartés au-dessus de nos têtes, cette enceinte continue de montagnes qui découpaient l'horizon d'une manière si pittoresque et si accidentée, tout cela réuni composait le tableau le plus séduisant.

Quand nous fûmes redescendus, le sacristain nous engagea à faire notre visite à la chapelle souterraine de saint Charles Borromée : un ecclésiastique vint s'offrir à nous pour nous y conduire. Il prit à la main un porte-luminaire et ouvrit l'une des grilles de fer par lesquelles on descend au caveau. La corniche de cette chapelle est tout en argent massif et décorée de bas-reliefs également en argent qui représentent les traits les plus remarquables de la vie du saint archevêque : la sculpture, la ciselure et l'orfévrerie ont épuisé leurs ornements pour l'embellir.

La dépouille mortelle du saint est placée sur l'autel : pour la voir, il faut payer cinq francs. Dès que nous en eûmes exprimé le désir en offrant la pièce demandée, l'ecclésiastique alluma les cierges de l'autel, se revêtit lui-même d'un surplis, et fit descendre ensuite le riche rétable qui nous cachait la châsse. Nous nous mîmes tous un moment à genoux : saint Charles était là devant nos yeux !

La châsse qui renferme ses restes mortels brille d'une magnificence inouïe ; elle est tout en argent massif, avec panneaux en cristal de roche, ornée de figures d'argent et de moulures en vermeil. Le saint archevêque revêtu de ses habits pontificaux enrichis de diamants, est couché les mains jointes et gantées; sa figure à découvert est entièrement décharnée et d'une teinte gris foncé; sa tête ornée de la mitre repose sur un coussin d'or; au-dessus brille une couronne en or, travail exquis du célèbre Benvenuto Cellini; enfin au-dessus de la main droite est suspendue une croix d'émeraudes et de diamants de la valeur d'un million de francs, et qui a été donnée par l'impératrice Marie-Thérèse.

Saint Charles Borromée est mort à Milan, le 9 novembre 1584, à l'âge de quarante-six ans; il a été canonisé par le pape Pie V, neuf ans après sa mort.

Pour terminer cette belle journée, nous prîmes à midi un guide, sous la direction duquel nous avons visité:

1º Le palais des Arts ou musée Bréra;

2º La bibliothèque Ambroisienne;

3º L'église Sainte-Marie-des-Grâces, près de laquelle tous les étrangers vont voir dans l'ancien réfectoire du couvent aujourd'hui servant de caserne, les restes de la fameuse fresque représentant la Cène, par Léonard de Vinci;

4º L'église Saint-Ambroise qui vit la pénitence imposée à l'empereur Théodose, et la conversion de saint Augustin; elle date de l'an 387 de notre ère;

5º Enfin l'église Saint-Laurent précédée de seize colonnes corinthiennes qui lui forment comme un majestueux portique, et proviennent, dit-on, des thermes d'Hercule construits par l'empereur Maximien.

C'était la première ruine de l'art païen qui s'offrait à nos regards; elle nous préparait aux antiquités de la terre italique.

C'est au palais des Arts, à Milan, qu'appartient le tableau du mariage de la Vierge, célèbre sous le nom de Sposalizio, l'un des premiers ouvrages de Raphaël. La bibliothèque Ambroisienne possède le fameux carton de l'école d'Athènes.

La Cène de Léonard de Vinci, exécutée jadis par ordre de Ludovic le More, duc de Milan, n'est plus actuellement qu'une noble ruine défigurée par les retouches ultérieures ; ce qui en reste, c'est la composition à jamais admirable, nous offrant en peinture le commentaire le plus inspiré, le plus harmonieux dans l'expression diversifiée des figures, et le plus divinement mélancolique de la grande scène retracée dans les Evangiles.

VÉRONE ET SON AMPHITHÉATRE

Le samedi 28 août, après avoir visité dans la matinée le trésor de la cathédrale que nous n'avions pas pu voir la veille, nous nous décidâmes à quitter Milan vers midi pour nous diriger sur Vérone par le chemin de fer qui relie Milan à Venise.

Le pays dans le cours de ce trajet offre l'aspect d'une culture admirable ; il est arrosé comme un grand jardin, planté de saules et de peupliers, de mûriers, d'ormeaux, et décoré de vignes qui sont suspendues d'un arbre à l'autre, et qui courent ainsi par-dessus les moissons.

On passe devant les villes de Bergame et de Brescia ;

nous pûmes jouir aussi d'une vue très-agréable sur le lac de Garde.

Vérone est une ville extrêmement fortifiée ; elle est traversée par l'Adige qui la divise en deux parties inégales, reliées entre elles par quatre ponts ; tout dans son aspect rappelle l'image sombre et sinistre d'une cité du moyen âge ; ses vieilles murailles sont flanquées de tours ; les parapets de ses ponts sont crénelés ; il semble que la civilisation moderne n'a pas encore passé à travers ses rues qui ont conservé leurs vieux palais et leurs maisons noires aux portes cintrées ; cependant ce qui la distingue, c'est que la plupart de ces maisons ont leurs balcons décorés de fleurs.

Nous la visitâmes dans la journée du 29 août. Sa plus grande curiosité est l'Amphithéâtre qui date du temps des empereurs romains.

Un inconnu vint s'offrir à nous pour nous y guider et nous donner les explications nécessaires. Cet Amphithéâtre, dont la forme est ovale, a 156 mètres de long sur 125 mètres de large. L'arène du milieu a 75 mètres sur 45. A l'intérieur de cette arène on compte quarante-cinq rangs de gradins en pierre où cinquante mille personnes pouvaient aisément prendre place.

Nous avons vu les cachots des gladiateurs et les loges des animaux féroces : ce sont des cases très-obscures si-tuées sous les premiers gradins. Lorsqu'on ouvrait la grille aux lions, le gardien se trouvait garanti par cette même grille, et l'animal s'élançant dans la galerie pénétrait dans l'arène par l'une des deux grandes portes laissée ouverte, et le combat commençait, le gladiateur ou belluaire ayant été introduit le premier par la porte opposée.

Une forte grille en fer qui environnait les premiers gradins défendait les spectateurs contre les bêtes féroces lâchées dans l'arène.

Nous fûmes vivement intéressés à la vue de ce débris imposant de mœurs qui sont aujourd'hui si loin de nous : ces gradins admirablement conservés et qui ont traversé tant de siècles semblaient évoquer devant nous les plaisirs cruels et barbares d'une société fondée sur l'esclavage, et dont tous les instincts féroces étaient continuellement aiguillonnés par ces spectacles de sang et d'horreur.

L'aspect général de Vérone est, du reste, d'une tristesse tout à fait en harmonie avec ce vieux monument.

Le cimetière de la ville mérite une visite.

Il forme un vaste quadrilatère entouré de portiques à colonnes, le long desquels règnent des galeries où les tombes sont disposées dans l'épaisseur de la muraille sur cinq de hauteur entre deux piliers.

Une foule de petites pierres tumulaires toutes égales se dressent au milieu du champ funéraire ; au fond est bâtie une chapelle ronde, dont le fronton représente un groupe bien exécuté :

La Foi, l'Espérance et la Charité.

Nous avons logé à l'hôtel de la Tour-de-Londres.

VENISE ET SES LAGUNES

Le 30 août dans la matinée nous avons pris nos places pour Venise.

Le chemin de fer, en partant de la station de Vérone,

traverse d'abord l'Adige sur un beau pont, puis se prolonge dans de vastes plaines immortalisées par les
exploits des armées françaises dans la campagne d'Italie
de 1796. Les noms illustres de Caldiero et d'Arcole sont
successivement rappelés à la pensée des voyageurs;
plus loin deux châteaux en ruines, couronnant deux
collines en regard l'une de l'autre, sont indiqués comme
ayant été ceux des Montaigus et des Capulets, ces deux
familles ennemies auxquelles appartenaient par le sang
Roméo et Juliette chantés par Shakespeare. Roméo était
un Montaigus, et Juliette, une Capulets, ce qui a rendu
encore plus touchante l'histoire de leur amour mutuel.

On passe ensuite devant les villes de Vicence et de
Padoue; la plaine est de plus en plus coupée de canaux,
et bientôt nous aperçumes les lagunes du sein desquelles
une ville immense semble sortir comme par enchan-
tement. Cette ville, c'était la brillante Venise avec ses
nombreux clochers et ses édifices pittoresques. Un magnifique viaduc d'une lieue de longueur et qui compte
222 arches a été construit sur les lagunes pour y donner
accès par la voie ferrée; le débarcadère est situé près
de l'extrémité occidentale du grand canal.

« Différente de tout ce qu'on a vu, Venise, dit M. De
Lamennais, apparaît comme une sorte de rêve, de vision
fantastique. La mer, sur laquelle elle semble flotter, le
lacis de canaux qui la découpent, tels que les nervures
d'une feuille, ses légères gondoles se jouant, se croisant
en mille sens, l'architecture presque arabe de ses palais
dont le pied baigne dans les eaux, son aspect demi
oriental, la voluptueuse douceur de l'air; tout jette un
trouble singulier dans les sens et dans l'imagination
mollement énivrée de ces merveilles. »

Venise en effet est une ville à part entre toutes les villes ; elle ne connaît ni le bruit ni la poussière. Formée d'un groupe de 70 îles reliées les unes aux autres par 329 ponts, elle a une multitude de rues canalisées, et les voitures qui desservent ces rues sont des gondoles. Un grand nombre de ces légers bateaux nous attendaient à la sortie du débarcadère ; nous nous fîmes un plaisir de nous installer sur le premier qui s'offrit à nous.

La gondole est un bateau très-long pour sa largeur, qui file sur les eaux avec une extrême rapidité. Ses deux extrémités, l'avant et l'arrière, sont très-pointues ; le bec d'avant est armé de lames de fer en col de grue, garni de six larges dents. Au milieu est posée une espèce de petite cabane, recouverte de gros drap noir, et qui se place ou s'enlève à volonté selon le temps qu'il fait et l'incognito qu'on désire. Tout le bateau est peint en noir et verni. La petite cabane est doublée de velours noir en dedans, les coussins sur lesquels se placent les voyageurs sont en maroquin de même couleur. Il n'y a qu'une seule portière au devant par où l'on entre. Quand nous nous vîmes enfermés tous les quatre dans cette caisse noire, nous aurions pu avec un peu d'imagination nous figurer qu'on allait nous conduire au supplice, ou à quelque tragique destination. Deux gondoliers, l'un en avant, l'autre en arrière, nous conduisaient sans nous voir, et debout sur le pont, manœuvraient notre bizarre embarcation chacun avec l'aide d'une seule rame. Notre sombre demeure avait des glaces de côté par lesquelles nos yeux plongeaient sur les eaux du grand canal que nous quittâmes bientôt pour prendre des canaux intérieurs, et nous étions étonnés de l'aisance avec laquelle les gondoles s'entre-croisaient dans ces canaux plus étroits sans jamais se choquer : seulement à l'angle des canaux, à l'approche des ponts, les gondoliers s'avertissent par certaines paroles pour éviter les rencontres.

Ce fut dans cet équipage qu'après avoir débouché devant la Dogana (la Douane) et l'église della Maria da Salute, nous fûmes amenés devant l'hôtel de la Luna, situé sur les derrières de la place Saint-Marc.

On nous établit dans deux chambres au premier étage ; la vue des fenêtres donnait sur les jardins de l'archiduc. Notre habitation nous parut fort agréable, et nous résolûmes de rester plusieurs jours à Venise.

La place Saint-Marc et la Piazzetta

La place Saint-Marc était voisine de notre hôtel ; nous n'eûmes rien de plus pressé que d'aller la visiter. Cette place entièrement dallée comme la cour intérieure d'un palais, est bordée de trois côtés par des arcades qui rappellent celles du Palais-Royal à Paris. Le quatrième côté est occupé par la célèbre basilique de Saint-Marc qui forme à l'extrémité comme une vaste décoration féerique avec ses coupoles lamées de plomb, et qu'on croirait revêtues d'argent, avec ses cinq porches en plein cintre couronnés d'ogives, ses nombreux clochetons à jour, ses mosaïques resplendissantes sur fond d'or, et ses fameux chevaux de cuivre connus sous le nom de chevaux de Corinthe, et qui, sous le premier empire, ont figuré sur l'arc de triomphe du Carrousel à Paris.

En avant de la basilique s'élèvent trois grands mâts posés sur des piédestaux en bronze sculpté, et auxquels les Véniliens attachaient autrefois les bannières de leurs victoires.

A droite on admire le Campanile, tour carrée en briques de cent mètres de hauteur, dont la flèche plaquée de bronze est terminée par un ange doré. A son extrémité supérieure est une vaste chambre qui sert de cage aux cloches, et dont les ouvertures sont divisées en arcades par des colonnes en vert antique et en marbres d'Orient. De là le coup d'œil sur Venise est ravissant.

Le palais Ducal attenant à la basilique semble faire la jonction de la Piazza et de la Piazzetta. Ce palais, monument de style moresque, est très-remarquable par ses opulentes bizarreries, ses sculptures, ses chapiteaux d'une variété sans fin, ses fenêtres en ogive sur des trèfles arabes, et son balcon dominé par une statue de la sainte Vierge. Au bout de la Piazzetta s'étendent les lagunes au milieu desquelles on aperçoit le dôme de Saint-Georges Majeur et son campanile rouge, la coupole de l'église della Maria, ainsi que l'édifice de la Douane avec son grand globe en cuivre doré sur lequel tourne au vent la Fortune.

Du côté des lagunes, Venise s'annonce aux navigateurs par deux énormes colonnes de granit, dont l'une porte le symbole du lion ailé qui met la griffe sur l'Évangile de saint Marc, et l'autre la statue de saint Théodore, premier patron de la cité vénitienne, ayant pour piédestal un crocodile.

En face de l'ancien palais Ducal se prolonge le palais d'une architecture si riche et si élégante, construit par

Sansovino, et qui servait alors de résidence à l'archiduc Maximilien, vice-roi du royaume Lombard-Vénitien (1).

Tout cet ensemble nous parut extrêmement curieux et attira vivement notre attention.

La basilique de Saint-Marc

Je ne décrirai pas toutes les églises et tous les monuments que nous avons visités pendant notre séjour à Venise, où nous sommes restés toute une semaine. Les œuvres d'art abondent dans cette ville éminemment artistique, et elles sont disséminées partout ; il y a donc beaucoup à voir pour ceux qui ont le temps de l'explorer. Je me contenterai ici de dire quelques mots sur la basilique de Saint-Marc et le palais Ducal, ces deux principales merveilles de la cité vénitienne.

On entre dans la basilique par trois portes marquetées en argent. Les vantaux de celle de droite ont été enlevés de Sainte-Sophie de Constantinople.

La basilique est revêtue des marbres les plus rares, et couverte de mosaïques sur fond d'or, mélangées d'inscriptions en diverses langues et de peintures symboliques, en sorte que le tout produit aux yeux l'effet d'une vision apocalyptique. Sous les dômes, dans les voûtes, dans les niches et sur tous les murs, ce ne sont que mosaïques représentant par milliers des figures d'apôtres, de prophètes, de saints, d'anges et de martyrs. Au

(1) L'archiduc Maximilien dont il est question ici, est celui qui devint plus tard empereur du Mexique, et qui fut fusillé à Queretaro. Nous le vîmes un jour passer sous nos fenêtres en gondole avec sa jeune épouse, la princesse Charlotte.

fond de l'abside se dresse la figure colossale du Christ qui apparaît dans le lointain comme le chef suprême de ces légions célestes.

Le plan de Saint-Marc est celui d'une croix grecque : on y compte 500 colonnes de vert antique, de porphyre, de serpentine, enlevées à la Grèce et à Constantinople, et dont le bizarre assemblage fait de cette église un monument unique et original. La nef est en arcades soutenues par des colonnes de marbre onyx, avec chapiteaux en bronze doré.

Le pavé se compose de myriades de petits cubes de marbre de la dimension d'un dé à jouer, qui forment, par la combinaison des couleurs, des mosaïques d'un dessin bizarre, des figures, des ornements, des arabesques d'une variété infinie. Ce pavé est bosselé en plusieurs endroits; mais on n'ose y toucher pour en redresser le niveau, en sorte qu'on le laisse dans l'état défectueux où la vétusté l'a mis.

Le chœur est exhaussé de quelques marches, et séparé de la nef par une rangée de huit colonnes de porphyre et de serpentin dont le soubassement est en vert antique. Sur ces colonnes est assis un large entablement en marbre de Vérone, qui porte une grande croix d'argent massif, et quatorze statues de grandeur naturelle, la Vierge, les douze apôtres et saint Marc.

A droite et à gauche dans le chœur s'élèvent deux chaires ou tribunes en forme de portiques. Celle du côté de l'Épître est soutenue par neuf colonnes du marbre le plus fin et le plus délicat. C'est du haut de cette tribune que fut prêchée la quatrième croisade.

Le maître-autel est placé sous un baldaquin en marbre serpentin, porté par quatre colonnes de pentélique, ornées de figures en haut relief fouillées et ciselées comme un reliquaire d'ivoire et retraçant la vie de Jésus-Christ.

L'autel du Saint-Sacrement au fond du chœur a une balustrade de porphyre, et il est orné de colonnes d'albâtre oriental d'une transparence vraiment merveilleuse.

La sacristie est également décorée d'admirables mosaïques, et d'ouvrages en marqueterie du XVIᵉ siècle; la porte de bronze qui la sépare de l'Eglise est un chef-d'œuvre de Sansovino, qui, dit-on, y consacra vingt années de travail.

La basilique de Saint-Marc date du Xᵐᵉ siècle : elle est sans contredit dans son genre un des plus curieux et des plus splendides monuments de l'art catholique au moyen âge, et mérite à tous égards la réputation que l'admiration des voyageurs lui a faite.

Le palais Ducal

Le palais Ducal, ce capitole de l'aristocratique Venise, est un édifice ogival, d'un aspect grandiose et original qui saisit l'esprit et laisse une impression ineffaçable. Il fut commencé au milieu du XIVᵉ siècle par le doge Marino Faliero qui eut la tête tranchée sur la plus haute marche de l'escalier. Ce monument présente à l'extérieur un double rang d'arcades superposées. Sur une première colonnade à fûts robustes et d'une apparence massive, repose un second rang de colonnes formant une galerie dans le style arabe. La partie pleine des deux façades sur le quai et sur la Piazzetta est plaquée d'une sorte de large mosaïque de marbres de deux teintes qui forment

comme les cases d'un damier ; en haut règne une corniche de style gothique byzantin découpée à jour et feston-
née en aiguilles sur tout le sommet de l'édifice.

Les deux citernes de la cour intérieure sont fort remarquables. On monte à la galerie du premier étage par
le superbe escalier en marbre blanc appelé escalier des
Géants à cause des deux statues colossales de Mars et
de Neptune qui ont été placées au sommet de la
rampe.

La salle du Grand Conseil offre un plafond couvert de
médaillons encadrés dans de magnifiques ornements
dorés. La gloire passée de Venise semble encore y re-
luire sous les peintures éclatantes de Paul Véronèse, du
Tintoret et de Palma le Jeune.

Le côté du mur où était placé le trône du doge est
occupé actuellement par la plus grande toile peinte
connue, la Gloire du Paradis par le Tintoret. Dans la
frise autour de la salle sont peints les portraits de tous
ceux qui furent doges de la République depuis l'an 804 :
il y en a 76.

La terrible salle du conseil des Dix est ornée aujour-
d'hui, entre autres peintures, d'un charmant petit tableau de Paul Véronèse représentant un vieillard assis
auprès d'une jolie femme.

Nous sommes montés aux prisons du palais connues
sous le nom des Plombs, parce qu'elles sont placées sous
ces toits de plomb dont parle Silvio Pellico.

Nous avons visité également les prisons basses dites
les Puits. Des corridors excessivement sombres y conduisent. Les cachots fort étroits étaient pavés de larges
dalles et revêtus à cause de l'humidité de madriers de
bois jusqu'à hauteur d'appui ; ils ne prenaient d'air que

par un trou pratiqué auprès de la porte, et en face duquel on accrochait dans le corridor une sorte de veilleuse, seule clarté permise aux prisonniers. C'est là que les malheureux prévenus politiques attendaient la fin de leur procès. Le cœur se sent douloureusement oppressé dans ces souterrains obscurs d'où tant de victimes n'ont pas dû sortir.

Le concierge qui nous accompagnait avec une lanterne nous a montré près du dernier cachot, les restes d'une machine en fer scellée au mur qui servait à étrangler les condamnés dans les ténèbres. De là, on glissait les cadavres par une sorte de trappe dans la gondole funèbre qui les portait au fond du canal Orfano dans les lagunes.

On nous fit voir ensuite le fameux pont des Soupirs, destiné à établir une communication entre la prison et le palais. Le passage du pont, éclairé par deux fenêtres de chaque côté, qui sont défendues par des croisillons de pierre, était séparé en deux parties par un mur. C'est par ce passage que les accusés étaient conduits au tribunal des Dix, et de là ramenés dans la prison.

Notre visite au palais Ducal avait eu lieu dans la matinée du 2 septembre; dans l'après-midi nous fîmes une très-belle promenade en gondole tout le long du grand canal, et nous visitâmes l'église Sainte-Marie-des Frari, qui renferme les tombeaux du Titien et de Canova.

PROMENADE A MURANO

Les moustiques à Venise

Nous avions destiné la journée du 3 septembre à une excursion à l'île de Murano; cette excursion nous avait été proposée par Mme Gatte, femme d'un négociant pour lequel nous avions une lettre de recommandation. La matinée fut consacrée à la visite du trésor de la basilique de Saint-Marc; c'est un des plus riches reliquaires du monde.

Vers midi, Mme Gatte arriva à notre hôtel avec une très-jolie gondole pourvue de deux rameurs. La promenade fut charmante; nous filions sur les lagunes avec une rapidité merveilleuse.

La conversation roula sur les agréments de Venise. C'est un séjour enchanteur, disais-je à Mme Gatte; il y a cependant pour nous un revers à la médaille, c'est le tourment des moustiques. Voyez comme la figure de ma pauvre fille a été martyrisée par ces maudits insectes; elle a plus de cent piqûres qui forment autant de cloques : on dirait une maladie de peau qui est venue l'assaillir.

Encore s'il y avait moyen de leur faire la chasse pour les détruire! Mais ils sont insaisissables; on a beau s'envelopper la nuit dans les rideaux de mousseline-gaze hermétiquement fermés, ils parviennent toujours à vous atteindre. Un frôlement, un bruit de corde strident vient tout à coup frapper votre oreille; vous vous sentez piqué, mais vous n'avez pas le temps de porter la main pour écraser l'insecte ; il est déjà reparti. Ajoutez à cela qu'on est piqué même à la promenade, jusqu'à travers les gants qui vous couvrent les mains ; il est donc tout à fait impossible de s'en garantir. Mme Gatte nous répondit que les étrangers et particulièrement les jeunes filles payaient ainsi leur bienvenue à Venise.

Tout en devisant de la sorte, nous abordions à l'île de Murano; nous allions pour y voir une fabrique de perles ; malheureusement les ouvriers qui confectionnent cet article ne travaillaient pas le jour de notre visite.

Mme Gatte nous mena voir ensuite l'église de Saint-Donat connue sous le nom de Dôme de Murano; mais elle était en réparations, ce qui nous empêcha d'apprécier le mérite de son architecture romane. Le retour s'effectua très-agréablement. Mme Gatte avec une politesse exquise nous ramena dans sa gondole jusqu'à notre hôtel.

La journée du 4 septembre fut employée par nous à visiter encore quelques églises, entre autres Saint Zacharie. Nous avions réservé celle du 5 pour la visite à l'Académie des Beaux-Arts.

Nous y avons vu de très-beaux tableaux des maîtres vénitiens, parmi lesquels on remarque deux toiles splendides, le tableau de l'Assomption par le Titien, et le Dîner chez Lévi, de Paul Véronèse.

Ainsi, nous avions été charmés de notre séjour à Venise ; nous avons passé de délicieuses soirées sur la plage de la Piazzetta, ou bien nous allions sur la place Saint-Marc entendre les concerts de la musique autrichienne.

Il fallait cependant nous résoudre à quitter cette ville

attrayante afin de pouvoir continuer notre voyage. Notre
départ fut fixé au lundi 6 septembre. Il avait été convenu
entre nous que nous irions à Loreto pour assister vers le
8 septembre au célèbre pélerinage à la Santa Casa. Mais
nous ne pouvions trouver qu'à Trieste un bâtiment qui
pût nous emmener comme passagers jusqu'à Ancône
dans les États-Pontificaux.

Nos places furent donc retenues au bateau à vapeur
le *Roma* qui devait partir le lendemain pour Trieste.

DE VENISE A TRIESTE

Le 6 septembre à six heures du matin, nous nons
sommes embarqués sur le *Roma* pour faire notre première traversée maritime jusqu'à Trieste.

La traversée s'annonçait favorablement; de légers
nuages blancs remplissaient l'atmosphère et voilaient la
splendeur du ciel. Des oiseaux de mer, remarquables
par la grandeur de leurs ailes, semblaient prendre
plaisir à voler autour de notre bâtiment et à le suivre
dans sa course.

Le pont du bateau se trouvait animé par la présence
d'une pension de jeunes gens en tournée de vacances;
ils étaient sous la direction d'un ecclésiastique et de
deux frères qui circulaient continuellement en se livrant
à une joyeuse causerie.

Vers onze heures du matin nous apercevions les premiers contreforts des côtes qui forment par leurs contours le golfe de Trieste.

Notre trajet maritime ne fut marqué du reste que par le signalement de deux gros poissons qui vinrent pendant quelque temps bondir dans les eaux de notre bâtiment, et attirèrent ainsi notre attention.

Le débarquement n'eut lieu qu'à une heure de l'après-midi. L'examen des passe-ports et la visite des bagages nécessitèrent une station de près d'une demi-heure sur le quai sous l'action d'un soleil ardent.

L'hôtel que l'on nous avait indiqué comme le meilleur de la ville n'était pas éloigné; on nous y donna deux belles chambres; mais il fallait monter 98 marches!

Après le déjeûner nous sommes allés faire un tour dans la cité.

Trieste est bâtie en amphithéâtre au fond du golfe et au pied d'un cercle de montagnes élevées; son port est occupé par une grande quantité de vaisseaux; elle a en effet succédé à Venise dans son riche commerce avec le Levant.

Située à l'extrémité méridionale de l'empire d'Autriche, c'est aujourd'hui le grand entrepôt des importations et des exportations pour les provinces de cet empire ainsi que pour l'Allemagne. Trieste est divisée en ville vieille et ville neuve : celle-ci est formée de bâtiments symétriques et de rues droites; mais elles n'ont pas un aspect séduisant, et rien ne rappelle ici cette physionomie poétique et artistique qui caractérise la riante cité de Venise, si ce n'est le concert donné le soir par la musique autrichienne.

———

DE TRIESTE A ANCONE

La matinée du 7 septembre fut occupée par les préparatifs du départ, ainsi que par la régularisation des formalités relatives au passe-port. Car, comme nous allions sortir de l'empire d'Autriche pour entrer dans les États du Pape, il fallait le présenter d'abord à la direction générale de police pour avoir la permission de sortir, puis le faire viser par le consul de France à Trieste et par le chancelier du consulat pontifical de la même ville ; c'était le prélude des visas multipliés dont allait être criblé ce malheureux passe-port, le vade-mecum obligé et indispensable de tout voyage en Italie.

Nos places avaient été retenues pour Ancône sur le bateau à vapeur l'*Africa* qui devait partir à 4 heures de l'après-midi ; c'était un grand bâtiment faisant les voyages de long cours puisqu'il allait à Smyrne dans le Levant ; il n'était pas amarré près du quai, et se tenait ancré au large ; il fallut donc prendre une barque pour nous y conduire. Quand nous accostâmes l'*Africa*, le temps paraissait tourner à l'orage, ce qui nous donnait quelques inquiétudes. Après le départ, les nuages s'épaissirent encore et formaient à notre droite au-dessus de nous une longue ligne d'une obscurité presque impénétrable qui nous cachait la vue des côtes, et confondait le ciel avec les flots ; des éclairs fréquents sillonnaient ces amas de vapeurs sombres, et le tonnerre faisait de temps en temps entendre ses roulements formidables dans l'immense étendue.

Vers 6 heures une pluie diluvienne qui commençait à

tomber, nous força, bien malgré nous, à déguerpir du pont et à rentrer dans l'intérieur du bâtiment. Il y avait au milieu des cabines une pièce destinée à servir de salon aux dames ; elle était garnie de quatre banquettes en tissu de crin bien rembourré : nous nous y installâmes tous les quatre pour la nuit, et nous nous étendîmes sur les banquettes dans une immobilité presque silencieuse. Nous étions éclairés par une lampe qui se balançait au dessus d'une table placée au milieu de la salle.

Cependant l'orage ne discontinuait pas, et nous ne savions pas trop ce que faisaient les vagues autour de nous ; seulement nous apercevions à travers les petites lucarnes des cabines les lueurs répétées des éclairs ; nous ressentions des secousses continuelles, et nos oreilles n'entendaient que les épouvantables craquements des pièces de bois du bâtiment qui, sous l'effort des vagues, semblait gémir comme s'il eût été à la veille d'être disloqué en mille morceaux. Aussi la nuit nous parut bien longue.

Dès que le jour nous éclaira de ses premières lueurs, je montai sur le pont et je reconnus avec satisfaction que l'on apercevait le promontoire d'Ancône, et que la mer était redevenue calme.

Le 8 septembre vers six heures du matin nous faisions notre entrée dans le port : les rues étagées d'Ancône se développaient à nos yeux. Les cloches de la ville, qui sonnaient à toute volée pour fêter le jour de la nativité de la Vierge, semblaient en même temps célébrer notre heureuse arrivée, et nous avions plaisir à entendre leur concert matinal : en un mot nous renaissions tous au calme et à la vie.

Pourtant au bout d'une heure, une circonstance nous

étonnait beaucoup ; c'est que l'on ne débarquait pas, et qu'aucun bateau n'approchait du bâtiment pour venir chercher les passagers avec leurs bagages.

Quelle était la cause de cet isolement où l'on nous laissait ? Il nous était assez difficile de nous renseigner puisque l'équipage ne parlait pas français ; seulement on voyait rôder sur le vaisseau et se promener de long en large un agent pontifical qui représentait la Santé. Cet agent pourvu d'un long nez avait l'air d'un furet qui cherche une proie.

Intrigué de tous ces retards, je me mis à interroger tant bien que mal les officiers de l'équipage, et je parvins enfin à comprendre que l'agent pontifical avait cru reconnaître parmi les passagers un homme offrant tous les caractères d'un pestiféré, et qu'en raison de cette circonstance il menaçait de faire mettre en quarantaine l'équipage et tous les passagers du bâtiment. Nous avions vu en effet, sans y faire attention, un homme d'assez mauvaise mine emmené dans une barque pour être conduit à terre. Cette homme au teint bilieux, au regard fiévreux, était précisément le pestiféré en question. Le docteur officiel d'Ancône allait le soumettre aux investigations de la science médicale, et s'il reconnaissait en lui les symptômes de la peste, nous devions tous sans exception être assujettis à la quarantaine, et emprisonnés dans un lazaret sur le bord de la mer. Cette nouvelle nous jeta dans une grande anxiété. Nous n'avions pas su par avance que la peste s'était déclarée à Benghazi dans un district de l'état de Tripoli, et que des mesures rigoureuses de précautions sanitaires avaient été recommandées dans tous les ports.

Une quarantaine, ne fût-elle que de dix jours ou

même de quatre, aurait formé un singulier épisode dans notre voyage d'agrément. Fort heureusement, vers les huit heures, un des officiers de l'équipage revint de terre, nous apportant un papier qui autorisait la libre pratique. Le docteur avait reconnu que l'homme suspect n'était atteint que d'une fièvre ordinaire : nous étions sauvés ! nous étions libres !

Nous descendîmes donc dans une barque pour gagner le quai ; à peine nos bagages étaient-ils déposés à terre, qu'une nuée de *facchini* ou portefaix s'abattit sur nous ; avant que nous eussions le temps de nous reconnaître, cinq ou six s'étaient jetés sur nos malles et nos effets pour les transporter à l'hôtel de la Paix que l'on nous avait indiqué, et qui heureusement était tout proche. Mais là, j'eus à soutenir un siége en règle: Les prétentions des *facchini* étaient exorbitantes. Chacun d'eux voulait être payé comme s'il avait transporté seul tous les bagages, et ils s'étaient partagé la besogne à six. Le maître d'hôtel ne nous aidait en rien, il semblait tout à fait étranger à cette affaire : les *facchini* ont le privilége ici de transporter les bagages des voyageurs, et ils en usent à leur volonté. Or, ils étaient réunis au nombre de vingt à trente, à la porte ou dans la cour de l'hôtel ; c'était comme un commencement d'émeute. Quand ils virent néanmoins que j'étais résolu à ne pas céder, ils parlementèrent, et il en résulta par suite de concessions mutuelles un compromis qui termina l'affaire.

Cependant le temps pressait ; il était déjà près de neuf heures ; après une nuit aussi agitée, nous avions grand besoin de nous restaurer par un déjeuner substantiel, et nous voulions repartir à midi pour arriver dans la même journée à la ville de Lorette, située à cinq lieues d'Ancône.

Mme Gatte m'avait remis une lettre de recommandation pour un négociant d'Ancône. Celui-ci, qui était Français d'origine, me mit en rapports avec un *vellurino*, nommé Piétro di Teuente, possesseur d'une calèche à deux chevaux. Un marché fut conclu pour qu'il mît à notre disposition cette calèche et nous conduisît jusqu'à Rome à travers les Apennins.

Lorette devait être notre première station. Nous partîmes effectivement vers l'heure de midi. D'Ancône à Lorette le paysage est très-accidenté. Les populations dans les Apennins sont perchées sur les montagnes dans des villes fort anciennes entourées de remparts, et qui comptaient autrefois la difficulté de leur accès parmi leurs moyens de défense.

Du haut de la montagne où est bâti Osimo, on aperçoit de loin sur la montagne opposée la ville et le sanctuaire de Lorette.

Nous rencontrions sur la route un grand nombre de pèlerins. Les hommes portaient de petits bouquets de fleurs à leurs chapeaux et étaient munis de grands parapluies rouges ou bleus avec une bordure de fleurs peintes. Les femmes avaient des jupes de couleur, retroussées à cause de la boue, et un corsage lacé laissant complétement à découvert les manches de leur chemise qui étaient plissées; elles ont une façon toute particulière de se corser : leur taille est courte comme à la mode du premier empire; elles portaient presque toutes des colliers de corail, d'énormes boucles d'oreilles, et sur leur tête des fichus bleus ou rouges.

Pietro nous fit descendre à un hôtel dont les fenêtres

donnent sur la place du bourg de Lorette, animée par des saltimbanques et des danses populaires ; la foule était nombreuse, et des mendiants se faisaient remarquer de tous côtés.

Pietro était un homme gros et court, très-barbu, aux joues colorées ; sa physionomie générale n'avait pas cet air de franchise ouverte que nous aimions en Giovanni Posgetti ; mais ses chevaux étaient bons et marchaient bien.

LA SANTA CASA DE LORETTE

Route de Lorette à Tolentino

La Santa Casa, qui d'après une tradition légendaire est regardée comme ayant été la maison de la sainte Vierge à Nazareth, est placée au milieu d'une riche et vaste église connue sous le nom d'église de la Madone.

Cette église, commencée en 1464 sous le pape Paul II et achevée en 1513 par Jules II, sous la direction de Bramante, a la forme d'une croix latine dont le centre est surmonté par une coupole étincelante de riches peintures: trois nefs la partagent et elle est environnée d'une ceinture continue de chapelles latérales. Dans les bas-côtés de la grande nef, on compte six chapelles à droite et six à gauche ; ces douze autels forment comme autant de stations pour arriver jusqu'à la maison de Marie, la reine des apôtres. Neuf autres chapelles, images des neuf chœurs des anges du ciel, rayonnent dans les deux bras et dans la tête de la croix autour de cette même maison, et semblent l'entourer comme d'une couronne de gloire. Chacune de ces chapelles est un musée où la peinture et la sculpture ont multiplié leurs chefs-d'œuvre ; elles sont presque toutes ornées de tableaux d'autel en mosaïque, ainsi que de fresques.

La Santa Casa est située sous la coupole ; un revêtement en marbre de Carrare du plus beau grain en recouvre les murailles sans les toucher. Sur toutes les faces, le ciseau des plus habiles artistes a sculpté les principaux événements qui retracent la vie de la sainte Vierge. Une superbe colonnade d'ordre corinthien entoure le monument.

Entre chaque couple de colonnes est une double niche, la première pour les prophètes, la seconde pour les sibylles qui ont chanté les grandeurs de la Vierge mère. La fenêtre de la maison, garnie d'une grille en bronze doré, est au milieu de la façade occidentale qui regarde la nef. Au-dessus est un très-beau bas-relief représentant l'Annonciation ; il est dû au ciseau de Sansovino. On voit à gauche la Visite de Marie à sa cousine Elisabeth, à droite le Voyage à Bethléem.

Deux portes latérales en bronze, ornées de bas-reliefs, donnent entrée dans la Santa Casa dont voici les dimensions :

Longueur 10m 60.

Largeur 4m 36.

Hauteur 6m 21.

Les murailles sont construites en pierres qui ont à peu près la couleur de la brique. Les chambranles des portes et fenêtres sont revêtus d'épaisses lames d'argent; le pavé est formé de carreaux de marbre blanc et rouge ; l'autel situé au milieu est en argent et bronze doré : derrière cet autel existe un petit cabinet appelé il Santo Camino à cause de l'antique cheminée située dans le fond. Au-dessus resplendit la statue de la sainte Vierge emmaillottée d'une robe magnifique, couverte d'or et de pierreries ; une croix en diamants orne sa poitrine, et elle a la tête ceinte d'un diadème surmonté de la croix.

Cette statue est en bois de cèdre, ainsi que celle de l'enfant Jésus qui est porté par sa mère. Une soixantaine de lampes en argent font rayonner constamment leur lumière autour de l'image consacrée.

L'église renferme de très-nombreux confessionnaux avec des inscriptions indiquant la langue que parle chaque confesseur : toutes les langues de l'Europe ont ici leur représentant. Nous avons remarqué que chaque confessionnal est muni d'une longue baguette que les confesseurs étendent sur la tête des pénitents lorsqu'ils viennent se présenter devant eux.

Après avoir terminé cette visite si intéressante, nous nous sommes disposés à reprendre notre voyage vers Rome. Pietro était à son poste pour nous conduire. Au sortir de Lorette, nous avons eu plaisir à retrouver les montagnes. Nous gravissions les chaînes des Apennins qui nous offraient à chaque instant des perspectives nouvelles. Nous apercevions souvent dans les champs qui bordent la route des arbres enlacés de ceps de vigne, dont les fruits tombaient en grappes au bout des branches, en cachant presque complètement l'arbre qui les supporte. Les bœufs nous servaient de renforts pour les montées ; trois fois deux de ces robustes animaux ont été amenés pour précéder notre équipage.

La route passe successivement à Recanati et à Macerata. Ces villes comme presque toutes les bourgades des Marches et de l'Ombrie, sont bâties sur la montagne, et rappellent par leur genre de construction l'époque guerrière du moyen âge. Elles sont entourées de murailles ; leurs portes flanquées de tours sont fermées pendant la nuit. Les maisons sont bâties en briques et couvertes de tuiles ; mais le peu de largeur des rues leur donne un aspect triste. Notre équipage s'arrêta à Tolentino, où nous avons passé la nuit.

Cette petite ville, bâtie sur la Chienta, rappelle le traité imposé par la France au pape Pie VI en 1797, et la bataille dans laquelle Murat perdit son trône en 1815.

DE TOLENTINO A CIVITA-CASTELLANA

Nous avons employé les journées des 10, 11 et 12 septembre pour faire le trajet entre Tolentino et Civita Castellana.

Dans la première journée, nous avons côtoyé le cours de la Chienta jusqu'au passage étroit de Serravalle, gros bourg qui sépare la Marche d'Ancône de l'Ombrie ; au sortir de ce défilé, on s'élève jusqu'au plateau supérieur de Colfiorito, village composé de quelques maisons où nous avons fait notre collation du midi dans une misérable auberge.

Nous sommes entrés ensuite dans la province de l'Ombrie qui nous a présenté le tableau de vastes et verdoyantes prairies où paissaient des troupeaux de marcassins. Nous sommes arrivés ainsi à la petite ville de Foligno, où nous avons passé la nuit à l'hôtel de l'Aigle-d'Or.

Le lendemain 11 septembre, à sept heures du matin, nous avons repris notre course.

Les environs de Foligno sont très-agréables. Le Clitumne fait la richesse de la vallée. Les bœufs du Clitumne sont remarquables par leurs grandes cornes; on les regarde comme les plus beaux de l'Italie ; ce sont eux que l'on choisissait autrefois pour avoir l'honneur de traîner les triomphateurs au Capitole, et d'être immolés sur les autels des dieux ; aujourd'hui, ils servent de renforts pour les voitures.

La route tracée sur les bords du Clitumne est l'antique voie Flaminia que l'on suit jusqu'à Rome.

Nous avons fait notre station méridienne à Spoleto, ville très-pittoresquement située, et qui renferme beaucoup de ruines curieuses ; l'une d'elles est appelée la porte d'Annibal; ses rues étroites et grimpantes, toutes tracées en zigzag, ses maisons bâties en pierres noircies par le temps offrent un sujet d'études intéressant pour les amateurs d'antiquités.

A quelque distance de Spoleto, on commence à gravir la Somma, montagne la plus élevée de cette partie des Apennins; à travers les mille sinuosités de ces hauteurs entremêlées de ravins, ou couronnées de très-belles forêts de chênes, nous avons été conduits aux portes de Terni, vieille ville qui portait autrefois le nom d'Interamna, et qui réclame l'honneur d'avoir vu naître les deux Tacite, l'historien et l'empereur.

Nous y sommes descendus à l'hôtel de l'Europe où nous avons passé la nuit.

La route de Terni à Civita-Castellana nous a beaucoup intéressés à cause des admirables points de vue que l'on a des montagnes, surtout au village de Narni, bâti sur un rocher à pic que l'on contourne sur une sorte de terrasse. Au delà de ce bourg, la route surplombe au-dessus d'un précipice, se suspend aux flancs de la montagne, puis elle suit des hauteurs boisées, mélangées de plateaux arides jusqu'à Otricoli.

De là on descend dans la vallée arrosée par le Tibre qui sépare l'Ombrie de la Sabine.

Ce fleuve, aux eaux jaunes et limoneuses, dont le nom avait si souvent retenti à nos oreilles, nous pouvions enfin le voir couler sous nos yeux. Nous l'avons passé sur un pont de trois arches, construit originairement par l'empereur Auguste, et réparé par le pape Sixte-Quint. La plaine dans laquelle il circule paraît inculte, et présente des inégalités qui apparaissent comme les vagues d'un océan; tant les révolutions volcaniques en out en certains endroits bouleversé la surface !

Les Apennins s'éloignaient de nous, et nous n'apercevions plus que la masse noire de ce mont Soracte dont le poëte Horace fait mention dans ses odes, et qui dresse fièrement sa tête au-dessus de la vallée; on l'appelle aujourd'hui le mont Saint-Oreste.

Après avoir dépassé Borghetto, il nous fallut gravir encore une haute montagne pour arriver à Civita-Castellana, où l'on entre par le beau pont à doubles arcades construit sur le Rio Major par le pape Clément XI, et qui n'a pas moins de 50 mètres de haut.

Civita-Castellana est l'ancienne Falisca des Étrusques, Une tranchée taillée à pic de près de 70 mètres de profondeur fait de cette ville une position militaire très-forte en même temps qu'un site admiré. Les rochers qui forment ce rempart naturel sont cachés sous d'énormes arbustes aventurés parmi les précipices et tout enlacés de lianes et d'églantiers agités par les vents.

Le brigand Gasbaroni

Pietro nous avait conduits à l'hôtel de la Poste, où nous descendions vers 4 heures de l'après-midi. Le maître d'hôtel, voulant nous être agréable, nous proposa d'aller visiter la citadelle de la ville ; tous les étrangers, me dit-il, y sont admis sur leur demande : on y voit le brigand Gasbaroni et toute sa bande qui y sont détenus depuis plusieurs années. Est-ce que vous ne connaissez pas de nom le célèbre Gasbaroni ? Nous confessâmes notre ignorance à son sujet. Oh ! reprit-il alors, c'est un homme très-connu dans le pays, et que tous les Anglais de passage en cette ville ne manquent jamais d'aller voir ; je vous prêterai à votre retour un manuscrit qui vous donnera connaissance de ses faits et prouesses du temps passé.

Sur une recommandation aussi chaude, nous nous sommes décidés à nous rendre tous les quatre au donjon. Nous pénétrons par un pont-levis dans une cour entourée de hautes murailles. Les soldats du pape en gardaient l'entrée. L'un d'eux, d'après l'ordre de son sergent, va demander pour nous au gouverneur de la citadelle la permission de visiter les prisonniers. Cette permission fut accordée sans la moindre difficulté. On nous fit alors monter dans le haut du donjon et nous fûmes introduits dans un long corridor sur lequel s'ouvraient plusieurs chambres de détenus. Tous, au bruit de notre visite, arrivent sur le seuil de la porte entrouverte et nous font de profondes salutations. Le geôlier de la prison marchait devant nous muni d'un trousseau de grosses clefs. Tout à coup au fond du couloir, il ouvre une porte massive, nous fait entrer dans une grande chambre, où, à notre profond saisissement, nous nous trouvons en présence de Gasbaroni et de toute sa bande, composée de quatorze ou quinze brigands en chair et en os, qui nous entourent et se pressent autour de nous. Mes trois compagnes étaient stupéfaites. Tous ces brigands en effet n'avaient aucun lien et formaient une seule chambrée ; on voyait leurs lits tout à l'entour.

Le geôlier nous désigne le chef de la bande en disant : Ecco Signor Gasbaroni ! c'était un vieillard pourvu d'une longue barbe blanche, mais encore droit et d'un maintien assuré (il avait alors 65 ans) ; loin de paraître confus du rôle qu'il avait joué, il semblait au contraire se redresser avec fierté comme s'il eût été un grand personnage. Il nous salua en ôtant son chapeau élevé et pointu à la façon des Napolitains, mais le remit tout aussitôt. Ses camarades nous saluèrent également ; ils n'étaient pas plus honteux que lui. L'un d'eux, Suisse d'origine, et qui parlait un peu français nous indiqua le secrétaire de la bande nommé Pierre Masi, puis il s'informa où nous allions et nous souhaita une bonne continuation de voyage. Nous n'eûmes pas souci de prolonger l'entrevue, et nous nous retirâmes en donnant la pièce au geôlier.

Après cette singulière visite, nous sommes montés à une galerie supérieure, d'où nous avons vu les galériens se promener dans leur cour; il y en avait plus de trois cents dans la citadelle, nous entendions d'en haut le cliquetis de leurs chaînes pendant qu'ils marchaient. Le fort contient aussi des militaires prisonniers. De la plate-forme la plus élevée, on jouit d'une très-belle vue sur la vallée et sur le mont Soracte.

Le maître d'hôtel, à notre retour, pour éclairer notre ignorance, remit entre mes mains un volume manuscrit contenant une relation italienne des hauts faits de Gasbaroni et de sa bande, avec des dessins à la plume qui retraçaient à l'œil les scènes les plus dramatiques de son aventureuse existence; c'était quelque chose d'incroyable. On le voyait arrêtant le carrosse de la princesse d'Etrurie, escaladant des fenêtres, coupant un espion en morceaux, dépouillant des religieux, livrant combat aux troupes du pape, etc. Pendant dix ans, il avait été la terreur et le fléau des pays qui s'étendent entre Rome et Naples.

Alexandre Dumas a parlé de lui dans ses impressions de voyage; il l'avait vu à la prison de Civita-Vecchia. Gasbaroni existait encore en 1866.

ARRIVÉE A ROME

Dans la matinée du 13 septembre, nous avons quitté Civita-Castellana en suivant l'antique voie Flaminia dont les larges dalles attirèrent notre attention : il est curieux de revoir encore les restes de ces grandes voies sur lesquelles ont été imprimés les pas retentissants des légions romaines. Nous commencions ici à entrer dans ce désert qui compose ce que l'on appelle la campagne de Rome. En effet, entre Civita-Castellana et Rome on ne voit pas un seul bourg.

Vers onze heures, nous fîmes une station à Castel-Nuovo, sorte d'hôtellerie de passage. Les lézards étaient nombreux dans ces parages solitaires ; nous en apercevions à chaque pas. Rien de plus extraordinaire que la vue de la campagne romaine. Partout généralement, une grande ville, la capitale d'un État, est annoncée d'avance par le mouvement et l'animation des pays qui l'environnent, par des maisons de campagne groupées dans les alentours, par des cultures variées, et la circulation active des voitures sur les routes. Il n'en est pas de même pour Rome : autour d'elle règnent la solitude et le silence. Nous n'apercevions sur notre chemin que de vastes prairies, dont les terrains sont très-mouvementés et qui sont parcourues çà et là par de grands troupeaux de bœufs, un grand nombre de ruines éparses et des cavernes effrayantes dans les rochers ; nous ne faisions d'autre rencontre que celle de quelques voiturins qui se croisaient avec nous.

Au milieu de ces solitudes le dôme de Saint-Pierre

nous apparut à plus de six lieues de distance comme
un phare que l'on salue de loin. Tous nos regards se
tendaient de ce côté.

Enfin nous retrouvâmes le Tibre, et nous le fran-
chîmes sur le Ponte-Molle, réparé en 1815 par le pape
Pie VII, et qui rappelle le grand souvenir de la victoire
de Constantin sur Maxence.

Vers trois heures de l'après-midi, nous faisions notre
entrée à Rome par la place du Peuple ; après une station
nécessitée par la visite de la douane et la remise du
passe-port, on nous donna, moyennant gratification, le
droit de pénétrer dans la ville Éternelle, et nous sommes
venus descendre à l'hôtel de la Minerve situé sur la
place du même nom : là nous avons pris congé du *vetturino* Pietro, qui m'a baisé la main en me quittant.

IMPRESSION GÉNÉRALE DE ROME

Le principal objectif de notre voyage était atteint:
nous étions arrivés à Rome; mais nous n'avions que
quinze jours à consacrer à cette ville remarquable; il
fallait voir tout à la hâte et comme à vol d'oiseau; aussi
l'impression que nous en avons reçue n'en a été que
plus vive et plus ineffaçable.

Mme Swetchine, dans ses lettres sur l'Italie, l'appelle avec raison la reine des villes : « C'est, dit-elle, un

» monde à part de celui que nous connaissons, où tout est
» différent de ce qui nous a frappés ailleurs, dont les
» beautés et les contrastes sont d'un ordre si élevé que
» rien n'y prépare, que rien ne saurait en faire ni devi-
» ner, ni même pressentir l'effet.

» Tout ce qui manque à Rome ajoute à l'impression
» qu'elle produit. On ne voudrait pas voir cultiver ses
» campagnes, voir repeupler ses faubourgs presque
» déserts, ou la ville habitée s'étendre; il faut que Rome,
» empreinte de vétusté, soit un peu triste pour répondre
» à tant de puissance détruite, à tant de grandeur
» abaissée.

» Non-seulement les objets sont grands et intéressants
» par eux-mêmes; mais leur ordonnance est poétique
» et belle. Toutes les époques de l'histoire sont là en
» présence, séparées et distinctes : il semblerait que
» chacune d'elles a voulu imprimer son caractère aux
» monuments qui en restent, avoir un horizon qui lui
» soit propre, et, pour ainsi dire, une atmosphère par-
» ticulière.

» Je fais des promenades délicieuses dans ces belles
» villas qui sont aux portes de Rome, et qui ne ressem-
» blent pas plus aux maisons de campagne de France
» ou d'Allemagne que Rome même n'y ressemble aux
» autres capitales. Tout y est planté d'arbres verts; les
» chênes, les sycomores, le pin d'Italie, le plus pitto-
» resque des arbres, y abondent. Tous les murs sont
» tapissés d'orangers ou de citronniers. Des eaux tou-
» jours jaillissantes, cette profusion de marbres, ces
» belles lignes d'architecture, cet horizon de montagnes
» que l'on croirait transparentes, sont comme des

» beautés qu'il faut venir chercher à Rome, et dont rien
» ne saurait donner l'idée. »

(Extrait des lettres de Mme Swetchine.)

J'ai cru devoir transcrire ce passage parce qu'il rend
bien l'impression que j'ai ressentie moi-même dans ma
résidence momentanée à Rome, et qu'il a un cachet de
vérité tout particulier.

SÉJOUR A ROME

Journée du 14 septembre

Notre hôtel, comme je l'ai dit plus haut, donnait sur
la place de la Minerve ; cette place a pour caractère
distinctif un petit obélisque en granit d'Egypte porté par
un éléphant de marbre.

En face, s'élève l'église Santa-Maria sopra Minerva,
bâtie au xIv° siècle sur l'emplacement d'un ancien
temple de Minerve : elle appartient aux Dominicains,
dont le couvent contigu est la résidence du Général de
l'ordre. C'est à Rome la seule église gothique de style
simple et large ; elle resplendit de marbres, de dorures
et de peintures. En avant de l'autel du chœur, on voit
la châsse où est renfermé le corps de sainte Catherine
de Sienne, et autour de laquelle des lampes brûlent
sans cesse.

La place de la Minerve est proche de la place de la Rotonde, où nous avons pu contempler le monument le mieux conservé que nous ait transmis l'antiquité romaine, le Panthéon, construit par Agrippa en l'honneur de l'empereur Auguste, et que celui-ci avait dédié à Jupiter vengeur.

Ce monument s'annonce par un superbe portique décoré de seize colonnes toutes d'un seul bloc de granit oriental, et dont les chapiteaux en marbre blanc sont du plus beau style. L'intérieur forme une immense rotonde de 132 pieds de diamètre sur 132 pieds de hauteur. Il n'y a pas de fenêtres ; la lumière pénètre par une seule ouverture circulaire pratiquée dans le milieu de la voûte ; rien n'empêche l'eau de la pluie d'y tomber ; mais le pavé composé de marbre et de porphyre présente une dépression au milieu, et des ouvertures grillées par lesquelles cette eau peut s'écouler.

Nous fûmes fortement impressionnés à l'aspect de ce vieux monument qui apparaît encore aujourd'hui à peu près tel qu'il était il y a dix-huit siècles. La destination seule en est changée. Le Panthéon est devenu l'église Sainte-Marie de la Rotonde ; elle renferme la tombe de Raphaël.

Vers les onze heures, une calèche découverte à quatre places vint nous prendre pour nous mener faire un tour d'excursion, que nous devions prolonger jusqu'à la basilique Saint-Paul hors les murs et jusqu'aux Trois-Fontaines. Le cocher qui nous conduisait paraissait un brave homme et parlait un peu français.

Il commença par nous montrer le Forum de Trajan avec sa colonne enfouie qui est aujourd'hui surmontée

de la statue de saint Pierre ; de là passant sur la place
de Monte-Cavallo ou du Quirinal, il nous fit visiter l'église
Sainte-Marie de la Victoire, ainsi nommée parce qu'elle
a été érigée à l'occasion des victoires remportées par
les chrétiens sur les Turcs. On y voit suspendus les éten-
dards pris à la bataille de Lépante. La coupole de cette
église a été peinte par le Pérugin ; nous y avons admiré
la chapelle de Sainte-Thérèse exécutée sur les dessins du
Bernin, qui sculpta la statue de la sainte, représentée
dans une extase d'amour divin. Cette statue est regardée
comme son chef-d'œuvre.

De là notre conducteur, continuant sa tournée, après
nous avoir arrêtés un moment devant la fontaine de
l'Acqua-Félice construite par Sixte-Quint, nous fit descendre à l'église Sainte-Marie des Anges, voisine des
ruines gigantesques des Thermes de Dioclétien. Elle a
été bâtie sous le pontificat de Pie IV et sur les dessins
de Michel-Ange, qui a utilisé pour sa construction la
Pinacothèque ou salle de peinture des Thermes, dont
il a fait la nef transversale : rien de plus imposant que
ces huit colonnes antiques en granit rouge d'un seul
bloc, de 16 pieds de diamètre sur 43 pieds de hauteur.
L'étendue de cette nef, son pavé en mosaïque, ses
peintures à fresque, ses colonnes de marbres précieux
et ses ornements d'or en font une merveille.

L'église, disposée en croix grecque, possède de très-
belles peintures, entre autres le Martyre de saint Sébastien, du Dominiquin : on y voit en outre les tombeaux
des peintres Charles Maratte et Salvator Rosa.

De Sainte-Marie des Anges, nous repartîmes pour aller
visiter Sainte-Marie-Majeure, puis la basilique Saint-
Jean de Latran et le baptistère de Constantin. Cette vue

kaléidoscopique nous avait transportés d'admiration :
nous étions éblouis de cette profusion de marbres, de
sculptures, de dorures et de peintures et de toutes ces
magnificences incroyables qui passaient devant nos yeux
comme dans un rêve.

Notre conducteur, voyant l'impression que nous éprou-
vions, fouetta ses chevaux avec une nouvelle ardeur,
et bientôt, comme un magicien qui nous étonne par les
différentes vues de sa lanterne magique, il fit apparaître
à nos regards les ruines colossales du Colysée, l'arc de
Constantin, l'arc de Titus, sous lequel nous eûmes l'a-
vantage de nous arrêter, et de voir parfaitement le chan-
delier à sept branches du Temple de Jérusalem qui s'y
trouve représenté parmi les objets portés dans la marche triomphale. Nous vîmes aussi l'arc de Septime Sévère, l'aspect étrange du Forum romain avec ses colonnes mutilées et ses ruines ; enfin, pour couronner notre
promenade, notre cocher dirigea sa course par la porte
San Paolo vers la basilique de Saint-Paul hors les murs,
que nous avions grand désir de visiter.

Cet immense édifice, qui a été nouvellement recons-
truit, puisque son inauguration date seulement de l'année
1847, est une admirable basilique à cinq nefs, séparées
et soutenues par quatre rangées d'énormes colonnes en
granit des environs de Baveno. Les frises sont ornées
des portraits de tous les papes en mosaïque sur fond
d'or. Les intervalles des fenêtres supérieures sont peints
à fresque, et les murs ainsi que le pavé sont revêtus
de marbres de toutes nuances. Le maître-autel a un
baldaquin soutenu par quatre colonnes d'albâtre oriental, présent de Méhémet-Ali, pacha d'Egypte ; dans ce
maître-autel est renfermée une moitié des corps des

deux apôtres saint Pierre et saint Paul, l'autre moitié est à la basilique de Saint-Pierre, tandis que leurs têtes sont à Saint-Jean de Latran.

Aux deux extrémités du transept, on admire deux autels en malachite incrusté de lapis-lazuli, c'est un présent de l'empereur de Russie.

Au fond de l'abside sont d'anciennes mosaïques restaurées. Tout l'ensemble de cette basilique aux vastes proportions est de la plus riche et de la plus imposante majesté : elle remplace celle qui avait été construite originairement sur le lieu designé comme ayant été la sépulture de saint Paul, et qu'un violent incendie avait détruite en 1823.

Il fallut nous avancer encore un mille plus loin pour visiter l'endroit où ce grand apôtre a été décapité. Cet endroit est connu à Rome sous ce nom : les trois Fontaines ou les Eaux-Salviennes.

Une même enceinte renferme trois sanctuaires qui ont été bâtis sur le lieu sanctifié par ce célèbre martyr.

Les trois Fontaines, regardées comme miraculeuses, ne laissent entre elles qu'environ quatre pieds d'intervalle. Selon la tradition romaine, dont nous n'avions pas connaissance, et qui nous fut expliquée sur place, ces trois fontaines jaillirent instantanément aux trois points que toucha la tête de saint Paul, lorsqu'elle rebondit après avoir été détachée du corps.

Notre journée avait été bien remplie, et nous rentrâmes à l'hôtel enchantés de notre excursion.

En nous y rendant, nous avons vu en passant la fontaine Pauline, dont l'aspect est monumental, et qui est remarquable par l'abondance de ses eaux.

On sort de la ville par la porte Saint-Pancrace, qui a été entièrement rebâtie à neuf ; car elle avait été détruite au siége de Rome par les Français en 1849. C'est entre la fontaine Pauline et cette porte que Garibaldi avait établi son quartier général, tandis que les Français campaient hors des murs dans une propriété de la famille Corsini, qui a été dévastée.

Nous avons fait une magnifique promenade dans les jardins de la villa Pamphili, dont le parc est distribué d'une manière très-pittoresque. On y admire particulièrement ses belles plantations de pins d'Italie d'un aspect si grandiose, et le joli lac accompagné de chutes d'eau qui contribuent à embellir ce vaste domaine.

En revenant nous avons pris, au pied du Janicule, la rue Lungara, où s'élève le palais Corsini, qui possède une riche galerie de tableaux. Nous y sommes entrés pour la visiter.

Presque en face est la Farnésine, où Raphaël a peint, dans les voussures de la grande salle, les principaux traits de la fable de Psyché, et dans le plafond, qu'il divisa en deux vastes compartiments, d'un côté l'Assemblée des dieux devant laquelle Vénus et l'Amour viennent plaider leur cause, et de l'autre le Banquet des dieux, ou les noces de Psyché et de l'Amour.

Dans une autre salle contiguë à cette galerie, Raphaël a peint le Triomphe de Galathée. Sur une des murailles de cette dernière salle, on fait remarquer au voyageur une tête colossale que Michel-Ange y a dessinée au charbon, un jour qu'il attendait Daniel de Volterre.

tive église ; il est couronné par un immense baldaquin
en bronze doré, que le Bernin érigea sous le pontificat
d'Urbain VIII. La hauteur du baldaquin dépasse celle
du fronton de la colonnade du Louvre.

Si de la balustrade qui entoure la Confession, on porte
ses regards vers l'étonnante coupole qui s'élève jusqu'à la
hauteur de 140 mètres, cette coupole écrase celui qui
veut la mesurer d'en bas ; elle est revêtue jusqu'à son
faîte d'éclatantes mosaïques ; elle figure l'apothéose de
tous ceux qui ont confessé par le martyre la divinité de
Jésus-Christ. La crypte est en bas : la gloire est en haut.
Ici les pierres elles-mêmes parlent un langage et semblent exprimer une pensée.

Sur les quatre piliers et les quatre grands arcs qui
la soutiennent, règne un splendide entablement dans la
frise duquel est inscrite en latin avec d'immenses lettres
d'or, cette parole du Christ qui a pour elle aujourd'hui
une autorité de dix-huit siècles : « Tu es Pierre, et sur
cette pierre je bâtirai mon Église et je te donnerai les
clefs du royaume des cieux. » Les quatre évangélistes
qui figurent en mosaïque sur les pendentifs de la coupole sont là comme d'augustes témoins de la parole de
vérité.

La tribune qui décore l'abside est très-remarquable ;
on y aperçoit de loin les quatre grands docteurs des deux
églises grecque et latine, saint Athanase et saint Jean-
Chrysostôme pour l'église grecque, saint Ambroise et
saint Augustin pour l'église latine ; ils sont là, gigantesques cariatides, soutenant de leurs mains la chaire de
saint Pierre. Le siége de bois incrusté d'ivoire sur lequel
s'est assis le premier pontife du christianisme est renfermé dans ce trône de bronze qui en est comme le reli-

quaire. On prétend que ce siége était la sella gestatoria du sénateur Pudens, qui en avait fait don à saint Pierre, par lequel il avait été converti au christianisme. Parmi les autres statues, de bronze ou de marbre, qui au nombre de cent cinquante peuplent la basilique, vingt-quatre représentent autant de fondateurs d'ordres religieux soutiens de la papauté.

Dix-neuf mausolées de souverains pontifes, établis tous sur des proportions grandioses, loin d'embarrasser les nefs, et d'en rapetisser l'espace, semblent ici se perdre dans l'immensité.

Parmi ces mausolées, l'un des plus remarquables est celui de Clément XIII par Canova, avec les figures de la Religion et du Génie de la mort : deux lions couchés à leurs pieds paraissent garder la porte de ce tombeau ; c'est une des plus belles productions de la sculpture moderne. Tous les autels qui garnissent la basilique sont surmontés de tableaux en mosaïque. Ces tableaux de dimensions très-considérables sont d'une délicatesse et d'une fraîcheur parfaites ; ils sont destinés à conserver pour l'éternité les copies des chefs-d'œuvre chrétiens de la peinture.

Nous y avons remarqué la Transfiguration, d'après Raphaël ; le Martyre de saint Sébastien et la Communion de saint Jérôme, d'après le Dominiquin ; la sainte Pétronille, d'après le Guerchin ; le Crucifiement de saint Pierre, d'après le Guide, etc.

Il n'existe plus dans Saint-Pierre aucun tableau à l'huile.

En résumé, cette basilique, par son ordonnance, par l'unité de la pensée religieuse qui la revêt tout entière, par l'immensité de ses proportions, est incontes-

tablement la basilique capitale du monde catholique ;
aucune autre ne saurait lui être comparée (1).

Après avoir pris un repos suffisant pour atténuer la
fatigue, nous sommes allés visiter ensuite les deux chapelles Sixtine et Pauline. Elles ne dépendent point de
l'église Saint-Pierre, mais bien du palais du Vatican
contigu à la basilique. L'escalier qui termine à droite la
galerie de la place conduit au premier étage de ce palais
dans une salle immense qui sert de vestibule à ces deux
chapelles.

La chapelle Sixtine, ainsi nommée parce qu'elle fut
bâtie par les ordres du pape Sixte IV, est à elle seule
presque aussi grande qu'une église. La décoration de la
voûte en fut confiée à Michel-Ange. Il y peignit les
grandes scènes bibliques depuis la création du monde.
Dans les espaces appelés pendentifs il imagina de peindre en fresques colossales sept prophètes et cinq sibylles. Les prophètes ont un air de hauteur, un caractère de
force imposante et de sombre majesté qu'on ne retrouve
nulle part ailleurs.

Grandes et terribles, les sibylles ne sont pas moins
étonnantes. Toutes ces figures, avec les scènes bibliques
qu'elles accompagnent, revêtent la voûte de la décoration la plus grandiose qui ait jamais été rêvée et exécutée. Mais il faut se tordre le cou pour admirer ces
chefs-d'œuvre, tant la voûte est élevée !

Sur le mur qui forme le fond au-dessus de l'autel,
apparaît la célèbre fresque du Jugement dernier, pein-

---

(1) La basilique de Saint-Pierre, a dit M. Francis Wey, dans son
grand ouvrage sur Rome, est plus encore qu'un prodige de la
volonté humaine ; c'est la traduction sensible d'une pensée ; c'est
l'histoire du christianisme chantée en poëme de pierre et de marbre.

ture immense, qui a 40 pieds de large sur 50 de hauteur, page extraordinaire d'une composition étrange et quelque peu dégradée par le temps.

La chapelle Pauline a pris son nom du pape Paul III qui la fit aussi peindre par Michel-Ange, alors âgé de soixante-quinze ans; elle renferme deux grandes fresques de cet artiste : la Conversion de saint Paul et le Crucifiement de saint Pierre.

Après cette station si longue et si instructive, nous retournâmes à notre hôtel pour l'heure du dîner, et notre journée se termina par une visite à pied au Forum.

La ville Éternelle présente, il faut en convenir, les contrastes les plus saisissants. Nous venions de voir tout ce que les siècles et les arts ont accumulé de trésors et de merveilles pour honorer le lieu de sépulture d'un pauvre pêcheur des bords du lac de Génézareth : le soir du même jour, quel spectacle d'une mélancolie sublime s'est offert à nos méditations!

Le voilà donc, ce Forum qui fut de tout temps l'endroit le plus célèbre de la Rome antique et le théâtre des plus grands événements de la vie des Romains et de leur histoire ; ce Forum où s'agitèrent pendant tant de siècles les délibérations qui décidaient du sort des Empires de la terre, où le Peuple-Roi exerçait sa toute-puissance!

Aujourd'hui, c'est un espace à peu près désert et tout parsemé de ruines; l'herbe y croît, et quelques arbres rabougris y végètent; on l'appelle vulgairement Campo-Vaccino, parce qu'il sert de marché aux bœufs.

La poussière des siècles accumulés y a exhaussé le sol au point qu'il a fallu le fouiller à une profondeur de plus de six mètres pour retrouver la base des colonnes, le pied des édifices, le pavé des arcs de triomphe. En plusieurs endroits on a établi des parapets du haut desquels on contemple ces débris de la puissance romaine.

Nous l'avons parcouru tout entier jusqu'aux ruines immenses du Colysée où les ronces, les plantes et les arbustes poussent et grimpent de toutes parts, dont la hauteur dépasse celle de la colonne Vendôme à Paris, et qui ont 547 mètres de circonférence.

Nous nous sommes assis sur des tronçons d'énormes colonnes en granit couchées là par terre, contemplant cette scène muette dont rien n'égale la majestueuse désolation et la suprême grandeur.

Journée du 16 septembre

La journée du 16 septembre a été l'une de nos journées les plus fatigantes; notre curiosité insatiable a voulu épuiser toute la série des musées du Vatican; or c'était une rude tâche pour l'accomplir en un seul jour.

Le Vatican, qui renferme ces musées, est une réunion de palais sans façade, entourés de jardins, mais dont l'ensemble est immense; ils ont été bâtis à plusieurs reprises, et se composent d'ailes et de traverses ajoutées les unes aux autres sans trop d'ordre ni de régularité.

La galerie des tableaux occupa d'abord notre attention : ils ne sont pas bien nombreux, mais quels chefs-d'œuvre !

La Transfiguration par Raphaël, la Communion de saint Jérôme par le Dominiquin, la Vierge de Foligno, etc. C'est le sublime de l'art de la peinture.

De là nous avons passé aux quatre chambres que les peintures à fresque de Raphaël ont rendues si célèbres, et que les Italiens appellent Stanze. Ces chambres prennent des jours assez sombres sur la cour du Belvédère.

La première chambre, appelée Chambre de la signature, renferme ces fresques si fameuses, la Dispute du Saint-Sacrement, l'École d'Athènes, la Jurisprudence et le Parnasse.

Dans la seconde chambre, on voit : Héliodore chassé du Temple, la Messe de Bolsène, la Délivrance de saint Pierre, et la Défaite d'Attila.

Les quatre grandes fresques qui ornent la troisième chambre sont : la Justification de Léon III, le Couronnement de Charlemagne par ce même Pape, la Victoire remportée sur les Sarrasins au port d'Ostie par Léon IX, et l'Extinction miraculeuse d'un incendie arrivé à Rome sous son pontificat. Une seule de ces fresques, connue sous le nom de l'Incendie-del-Borgo, a été entièrement peinte de la main de Raphaël; les autres sont de ses élèves.

La dernière chambre, qui est la plus vaste de toutes, a été appelée la salle de Constantin, parce que Raphaël y a peint la vision céleste de cet empereur, et la victoire qu'il remporta sur Maxence.

Après les chambres nous avons visité ce que l'on appelle les Loges et les Arabesques de Raphaël. C'est au second étage du Vatican, dans la première aile, que l'on peut admirer ces peintures si remarquables.

On désigne sous le nom de Loges les 52 morceaux tirés de la Bible dont il a décoré les plafonds à compartiments qui surmontent les arcades de cette aile.

Les Arabesques sont des compositions décoratives par lesquelles il a illustré les pilastres et les frises de ces mêmes arcades.

Ma fille et ma belle-mère se séparèrent alors de nous pour aller prendre un peu de repos à l'hôtel.

Nous sommes entrés ensuite dans la partie du Vatican où est contenue la bibliothèque. C'est comme un magnifique palais dont la principale galerie, divisée en deux nefs par sept piliers, est couverte d'or, décorée de peintures, meublée de tables en granit, ornée de vases, de sarcophages et d'autres fragments antiques.

Les armoires qui renferment les manuscrits sont toutes couvertes de fleurs peintes et de paysages italiens. Dans l'espace qui surmonte ces armoires jusqu'à la voûte est peinte à fresque d'un côté l'histoire universelle de l'esprit humain, c'est-à-dire l'histoire des bibliothèques et des livres depuis Adam jusqu'aux temps modernes; de l'autre, l'histoire complète de l'esprit chrétien, c'est-à-dire la représentation de tous les conciles généraux avec les principaux événements ecclésiastiques depuis Jésus-Christ jusqu'à Léon XII. Dans l'une des galeries latérales est placé le musée sacré qui comprend une collection d'antiquités chrétiennes.

Le corridor de droite est décoré de fresques relatives aux règnes agités de Pie VI et de Pie VII.

Il nous restait encore à visiter les musées de sculpture, qui sont au nombre de trois, savoir :

La galerie Chiaramonti, le Nouveau-Bras et le musée Pie-Clémentin.

La galerie Chiaramonti est consacrée aux inscriptions et aux monuments funéraires païens ou chrétiens. On remarque la Vénus du Vatican, l'Amour qui tend son arc, un Faune dansant et le Centaure.

Le Nouveau-Bras renferme les statues du Faune à l'Enfant, de la Diane chasseresse, de la Minerve Médica, du Nil, etc.

Le musée Pie-Clémentin est divisé en huit sections. C'est dans la première de ces sections (le Portique de la cour du Belvédère) qu'on peut admirer l'Antinoüs et l'Apollon, le Méléagre, le Laocoön, la Vénus accroupie, le Persée de Canova, etc.

Après ces musées de sculpture viennent le musée égyptien avec ses curieuses momies, et la galerie des Arrazzi contenant une suite de tapisseries dont les cartons ont été composés par Raphaël, et dont l'exécution fut confiée à une manufacture d'Arras : ce qui leur a fait donner ce nom d'Arrazzi.

Journée du 17 septembre

Dans la matinée nous avons fait une visite à l'église Saint-Augustin, célèbre par sa madone miraculeuse et par la fresque de Raphaël qui représente le prophète Isaïe. Cette fresque est cachée par un rideau que le sacristain ne soulève pour les visiteurs que moyennant la *buona mano*. Le corps de sainte Monique repose, dit-on, dans cette église. De là nous nous sommes rendus à la place Colonna. Cette place tire son nom de la colonne Antonine, qui fut élevée jadis par le sénat romain à l'empereur Marc-Aurèle Antonin, pour les victoires qu'il avait remportées sur les Marcomans, les Quades et autres peuples de l'Allemagne. La colonne, en marbre blanc, est aujourd'hui surmontée de la statue en bronze doré de l'apôtre saint Paul que le pape Sixte-Quint y fit ériger à la place de la statue de Marc -Aurèle.

Ainsi saint Paul domine aujourd'hui la ville Éternelle du haut de la colonne Antonine, et saint Pierre du haut de la colonne Trajane !

Quel témoignage plus imposant peut-il exister de l'immense révolution qui a substitué le triomphe de l'esprit de foi et de charité au triomphe de la force des armes?

En sortant de la place Antonine nous sommes alles voir le logement qui fut habité par saint Paul, lors de sa première détention à Rome; il est situé *via del Corso* sous l'église de Santa Maria *in viâ latâ,* il se compose de chambres basses ayant l'aspect d'une prison souterraine dont les voûtes sombres, noircies par le temps, sont formées de gros quartiers de travertin : un modeste autel y est actuellement érigé. On y fait voir dans un angle près du mur une colonne de granit entourée d'une chaîne antique scellée à sa base; et c'est, dit-on, avec cette chaîne, à cette même colonne, que saint Paul était attaché la nuit par le soldat qui le gardait.

Nous voulions compléter nos études en tout ce qui concerne le souvenir de saint Paul, et nous nous dirigions en conséquence vers la prison Mamertine, lorsque chemin faisant nous avons rencontré le palais Doria, qui contient une galerie de tableaux très-estimés, et est très-libéralement ouvert à la visite des étrangers : l'envie nous prit d'y entrer. Cette magnifique galerie est distribuée en quinze salles, toutes abondamment pourvues de siéges pour se reposer et offrant à la disposition des visiteurs un grand nombre de livrets numérotés indiquant le sujet des tableaux renfermés dans chaque salle.

Les appartements sont décorés avec goût. Une belle galerie, ornée de statues et de consoles dorées avec son plafond tout couvert de fresques et ses dix-sept fenêtres garnies de rideaux de soie blanche, forme une salle de bal véritablement princière.

. Nous avons terminé nos excursions de l'après-midi par la visite projetée à la prison fameuse dont la construction remonte à l'époque des rois Ancus Martius et Servius Tullius.

Cette prison, située presque à mi-côte de la colline du Capitole et sous l'église Saint-Joseph, se compose de deux cachots placés l'un au-dessous de l'autre. Les murs sont en gros blocs de pierre volcanique rouge. Le cachot supérieur, appelé proprement prison Mamertine, est situé à 25 pieds sous terre. On y pénètre par un escalier de construction moderne. Sous les Romains, il n'y avait ni escalier ni porte : on y glissait les condamnés par une ouverture circulaire placée au centre de la voûte et qui est actuellement fermée par une forte grille en fer. Au-dessous il en existe un second, plus étroit que le premier, plus bas, plus humide, et totalement privé de lumière : c'est la prison Tullienne. Comme dans le cachot supérieur, on y descendait les condamnés par une ouverture placée au centre de la voûte : c'est là qu'ils étaient suppliciés. Au bas du cachot Tullien aboutissait l'escalier des Gémonies par lequel, après l'exécution, les confecteurs armés de crocs, traînaient les cadavres dans le Tibre. C'est dans ce cachot que Jugurtha mourut de faim, et que les complices de Catilina furent étranglés.

Selon la tradition romaine, les deux apôtres saint

Pierre et saint Paul furent renfermés pendant neuf mois dans cette affreuse prison ; on nous montra une colonne de granit à laquelle on prétend qu'ils furent attachés ; on nous montra aussi une source que saint Pierre y aurait fait miraculeusement jaillir, et dont il employa l'eau pour baptiser ses deux geôliers Processe et Martinien, qu'il convertit au christianisme, et qui subirent aussi le martyre.

J'avais emporté une lettre de recommandation pour une sœur de l'ordre de Saint-Vincent de Paul que j'avais connue à l'asile des petits orphelins de Ménilmontant, et qui était alors à Rome. Après le dîner de notre table d'hôte, qui a toujours lieu à 4 heures de l'après-midi, nous sommes allés la lui remettre ; nous avons été admirablement accueillis par ces bonnes sœurs : l'établissement qu'elles dirigent est appelé ici conservatorio : il a été fondé, et il est entretenu par le prince Torlonia. Cet établissement est vaste et remarquable par sa grande propreté et sa belle simplicité. Elles y élèvent 60 jeunes filles auxquelles elles apprennent à lire, à écrire, à coudre, à broder, à repasser, à faire des fleurs, et à tisser leurs vêtements ; elles ont des métiers à cet effet.

L'établissement contient, en outre, des classes et un ouvroir d'externes ainsi qu'une salle pour de vieilles femmes infirmes, une pharmacie des plus complètes et une officine où l'on prépare la soupe pour les pauvres et pour les malades. La sœur supérieure nous a promis d'adresser pour nous une demande d'audience au Saint-Père, en nous donnant l'espoir que cette demande pourra être accueillie. Cet espoir nous a comblés de joie.

SÉJOUR A ROME

Journée du 18 septembre

Nous avons commencé la journée du 18 septembre par une visite à l'église Saint-Ignace, l'une des plus grandes de Rome après les basiliques : les autels du transept sont remarquables par leurs marbres précieux et par leurs colonnes torses plaquées en vert antique.

Sous l'autel principal brille une châsse revêtue de lapis-lazuli dans laquelle repose le corps de saint Louis de Gonzague, ce fils d'un prince du Saint-Empire, qui renonça aux grandeurs de la terre pour entrer dans la Compagnie de Jésus, fondée par saint Ignace, et qui mourut en odeur de sainteté à l'âge de 23 ans.

De là, prenant une voiture, nous nous sommes rendus à la basilique de Saint-Jean de Latran sur laquelle, à notre première visite, nous n'avions jeté à la hâte qu'un coup d'œil très-rapide.

Sur le frontispice, on lit cette inscription en latin : « La Très-Sainte Eglise de Latran, de toutes les églises de la ville et du monde la mère et la maîtresse. » C'est en effet là que le pape vient pour la première fois prendre possession de sa dignité comme évêque de Rome ; on y voit son siége épiscopal.

La basilique de Latran est fameuse dans les annales de l'histoire ecclésiastique : trente-trois conciles ont été tenus dans son enceinte. L'intérieur est divisé en cinq nefs.

Les énormes piliers de celle du milieu contiennent douze niches ornées chacune de deux colonnes de vert antique, et dans lesquelles ont été placées les statues colossales des douze apôtres.

Plus haut sont les figures des douze prophètes. Enfin au-dessus resplendit un magnifique plafond doré, dont les moulures furent, dit-on, dessinées par Michel-Ange. Deux colonnes de granit rouge de 72 pieds de haut soutiennent le grand arc qui sépare la nef des croisillons et du chœur. Au point d'intersection s'élève un tabernacle gothique sculpté à jour et s'appuyant sur quatre colonnes de porphyre.

C'est au dedans de ce tabernacle, qui sert de baldaquin à l'autel papal, que sont renfermées, dans des bustes d'argent, les deux têtes de saint Pierre et de saint Paul. Au fond de la croisée, à gauche, les regards éblouis se portent sur l'autel du Saint-Sacrement orné d'un tabernacle de pierres précieuses.

Mais la merveille de Saint-Jean de Latran est la chapelle Corsini : tout y est d'une richesse incomparable. La grille même qui en ferme l'entrée est ouvragée d'admirables dessins et forme à elle seule un chef-d'œuvre d'art. Cette chapelle est resplendissante d'une variété infinie de marbres précieux, parmi lesquels on distingue le porphyre, les jaspes, les agates, la serpentine, l'albâtre oriental, le vert et le jaune antique. Elle renferme le mausolée du pape Clément XII. En face est la chapelle toute dorée de la famille Torlonia.

Près de Saint-Jean de Latran, du côté du portique septentrional, s'élève la rotonde de Saint-Jean *in fonte*, appelée aussi le Baptistère de Constantin, parce que c'est là, dit-on, que cet empereur célèbre a reçu le baptême.

Le baptistère en basalte sert encore aujourd'hui pour baptiser le samedi les Turcs et les Juifs convertis. Si l'on sort de l'église Saint-Jean de Latran par la porte nord, on a devant soi un monument de 3,000 ans d'existence, l'obélisque en granit rouge de Toutmosis, transporté d'Egypte à Rome par les empereurs Constantin et et Constance, son fils, et réédifié à la place qu'il occupe aujourd'hui par le pape Sixte-Quint.

Vis-à-vis la porte de l'orient existait autrefois l'antique palais des papes, qui a été entièrement brûlé à l'exception de la salle à manger, appelée aussi Triclinium de Léon III, et de sa chapelle domestique. Sixte-Quint fit construire au devant de cette chapelle un superbe portique au milieu duquel il plaça le saint Escalier (Scala santa). Cet escalier, composé de vingt-huit dégrés de marbre tyrien d'une grande blancheur, est, dit-on, l'escalier du prétoire de Pilate à Jérusalem, que Notre-Seigneur monta plusieurs fois dans sa Passion. Il est enveloppé de planches épaisses de noyer à cause de la grande quantité de pèlerins qui viennent s'y prosterner, et qui en usaient les marches.

La basilique de Sainte-Marie-Majeure a été ensuite l'objet de notre visite : elle est ainsi appelée, parce qu'elle est la plus grande des trente-neuf églises de Rome dédiées à la sainte Vierge.

Au milieu de la vaste place qui la précède, le pape Paul V a fait élever une des magnifiques colonnes du Temple de la Paix, colonne corinthienne d'une rare élégance, au sommet de laquelle est placée la statue de Marie.

Rien de plus majestueux, de plus simple et de plus noble que l'architecture intérieure de l'église; elle est divisée en trois nefs par une suite de trente-six colonnes ioniques de marbre blanc, présentant les lignes les plus heureuses, et qui font embrasser d'un seul regard l'ensemble de l'édifice. Tirées d'un ancien temple de Junon, ces colonnes soutiennent une frise en mosaïque représentant une guirlande de fleurs, et un entablement d'un profil sévère. Au-dessus s'élève un second ordre de pilastres corinthiens ornés de mosaïques du v⁰ siècle. Le plafond, d'une rare magnificence, est divisé en caissons et en rosaces sculptées; pour le dorer, on employa le premier or envoyé à Rome par le roi d'Espagne après la découverte de l'Amérique. Dès l'entrée de la basilique, on aperçoit le maître-autel entièrement isolé, sous un baldaquin soutenu par quatre colonnes de porphyre, entourées de palmes d'or en spirale, et au-dessus desquelles six anges de marbre tiennent avec grâce une couronne. Au fond de l'abside, on remarque des mosaïques du xiii⁰ siècle qui représentent Jésus et Marie de proportions colossales. Dans la croisée à droite se trouve la chapelle de Sixte-Quint qui est, à elle seule, une église avec sa coupole, ses autels, sa confession, sa sacristie.

La chapelle qui fait face à celle de Sixte-Quint est la chapelle de Paul V Borghèse; elle n'a d'égale en magnificence que la chapelle Corsini à Saint-Jean de Latran. L'autel, tout incrusté de pierres précieuses, est accompagné de quatre colonnes cannelées de jaspe. Au milieu du champ de lapis-lazuli, qui forme le contre-rétable, est placée la plus vénérée des madones dite de Saint-Luc.

Non loin de Sainte-Marie-Majeure, sur le sommet du

mont Esquilin, est située l'église de Saint-Pierre aux Liens, ainsi nommée parce qu'on y conserve les deux chaînes avec lesquelles saint Pierre fut, dit-on, lié dans ses prisons à Jérusalem et à Rome.

Cette église, que nous avons également visitée, est divisée en trois nefs par vingt colonnes ioniques en marbre de Paros, aussi blanches que l'albâtre. On y remarque principalement le tombeau du pape Jules II, orné de la célèbre statue de Moïse par Michel-Ange.

Nos excursions de la journée se sont terminées par une visite aux Thermes de Titus, situés près du Colysée et bâtis au-dessus de l'ancien palais de Néron. Sous l'empire de Napoléon 1er et par ses ordres, on commença à déblayer ces appartements souterrains; Titus en effet, avait fait combler de terre ce palais pour servir de fondement à ses Thermes. Ce fut là, au moyen des fouilles pratiquées, que l'on découvrit, entre autres chefs-d'œuvre de l'art antique, le groupe si renommé du Laocoon que nous avons vu au Vatican.

On croit que la tour d'où l'empereur Néron contempla l'incendie de Rome était située sur le plateau où s'élève actuellement l'église Saint-Pierre aux Liens.

Journée du 19 septembre

Dans la matinée (c'était un dimanche), nous sommes allés entendre la grand'messe à Saint-Louis des Français. Cette église est située près la place Navone. On y remarque le tombeau du peintre français Claude Lorrain, et, sur le premier pilier à droite, un monument élevé

en 1852 à la mémoire des soldats français tués au siége
de Rome.

Nous avons visité ensuite la place Navone et l'église
Sainte-Agnès.

De là nous avons gagné l'église du Jésu élevée sur la
place de ce nom à l'ouest du palais de Venise: c'est
l'une des plus riches de Rome; elle appartient à la con-
grégation des Jésuites. La chapelle de Saint-Ignace,
dans la croisée gauche du transept, est la partie la plus
remarquable de cette église. Le corps du saint repose
sous l'autel dans une châsse de bronze doré ornée de
pierres précieuses.

L'église Sainte-Marie du Peuple, située sur la belle
place de ce nom, à l'extrémité de la rue du Corso, mérite
également d'être visitée; la chapelle Chigi, dont Raphaël
fut l'architecte, y attira particulièrement nos regards.
Raphaël composa les cartons de mosaïque du plafond et
travailla à la statue de Jonas.

Le maître-autel possède une image de la Vierge qu'on
dit avoir été peinte par saint Luc, et que le pape vient
vénérer chaque année le 8 septembre; elle était voilée.
Nous ne pûmes la voir.

De Sainte-Marie du Peuple, nous nous sommes rendus
à la promenade du Monte-Pincio; on y arrive par plusieurs pentes douces surétagées et bordées de balustrades de marbre qui sont d'un bel effet. Du haut des
terrasses qui forment cette promenade, on jouit d'une
très-belle vue de Rome, ayant en face de soi le mont
Janicule devant lequel se dresse majestueusement le
dôme de Saint-Pierre. Au milieu existe un jardin qui
renferme des plantes d'une riche végétation; les mas-
sifs en sont disposés autour d'un bassin qui en forme

le centre. Tout autour de la promenade sont plantés de grands arbres sous l'ombrage desquels on domine d'un côté la ville de Rome, et de l'autre les jardins Borghèse.

L'Académie de France, où sont envoyés de Paris les jeunes gens qui ont obtenu les grands prix de Rome, est proche des hauteurs du Monte-Pincio ; elle est aussi connue sous le nom de Villa-Médicis ; sa position est des plus agréables.

Nous y sommes entrés, et nous avons parcouru les jardins, qui sont assez vastes, mais d'un aspect monotone et sévère, parce que toutes les allées sont enfermées par des haies épaisses de buis. La façade intérieure du palais, vue du côté des jardins, présente dans l'ouverture un portique à grande arcade, exhaussé sur un perron à double rampe, et qui est, dit-on, l'ouvrage de Michel-Ange. L'architecture est d'une sévère élégance, et dessinée dans le style florentin.

De là, en côtoyant les hauteurs, nous sommes arrivés près de l'église Sainte-Trinité du Mont, qui est desservie du côté de la ville par un immense escalier de 125 marches de marbre blanc. L'église était fermée, et nous ne pûmes y pénétrer.

Redescendant donc l'escalier, nous avons visité la place d'Espagne où s'élève actuellement la colonne commémorative de la proclamation du dogme de l'immaculée conception.

Cette colonne est en marbre ; au sommet est placée la statue de la sainte Vierge, ayant une main tournée vers le ciel et l'autre abaissée vers la terre ; elle est posée sur un globe terrestre supporté par les quatre animaux qui sont considérés comme les figures emblématiques des quatre Évangélistes. Le piédestal de la

colonne est orné de quatre beaux bas-reliefs représentant la Salutation Angélique, l'Apparition de l'ange
à saint Joseph, le Couronnement de la Vierge et la Proclamation du dogme.

Notre dernière visite de la journée fut pour la fontaine Trévi. Cette fontaine, qui reçoit l'acqua vergine,
est d'un charmant effet par ses larges proportions et l'a-
bondance de ses eaux. On y voit la statue de Neptune
placée entre quatre colonnes de marbre, surmontées
d'un chapiteau. Le dieu mythologique y apparaît porté
dans un char attelé de deux chevaux marins que guident
deux tritons, entre lesquels trois vasques superposées
déversent l'eau qui retombe ensuite en cascades dans
le bassin principal.

Journée du 20 septembre

Dans la matinée, le piccolo ou le concierge de notre
hôtel nous apporta, moyennant gratification, des billets
pour monter à la coupole de Saint-Pierre et pour visiter
la fabrique de mosaïques du Vatican. Dans les hôtels
d'Italie, le piccolo est un personnage très-convenable-
ment vêtu, qui parle souvent plusieurs langues et qui
donne tous les renseignements possibles aux voyageurs.

Nous sommes donc allés faire notre ascension à la
fameuse coupole ; c'était une partie de plaisir pour nous.
Ma fille témoignait une grande satisfaction ; ma belle-
mère (M$_{me}$ veuve Martin Solon), malgré la difficulté
qu'elle éprouve à monter, ne manqua pas de nous accompagner.

On monte à la coupole par une rampe en spirale,
composée de gradins formés de briques placées sur
champ, et présentant l'aspect d'un point de Hongrie.
Ces gradins sont au nombre de 142, et conduisent à la
balustrade où sont placées les statues colossales qui
dominent le fronton du portique de Saint-Pierre.

Là on voit les coupoles des différentes chapelles ; on
pénètre ensuite dans un autre escalier au moyen duquel
on atteint la balustrade intérieure qui est à la base de la
grande coupole. Nous avons fait le tour de cette balustrade, d'où la vue plonge dans la basilique, et nous avons
examiné de près les mosaïques qui décorent l'intérieur
de la coupole. De ce point, un escalier en colimaçon de
cent vingt-quatre marches conduit à la seconde balustrade. Lorsqu'on est ainsi parvenu à la calotte de la
coupole, on longe une sorte de corridor très-concave qui
représente l'intervalle laissé pour l'escalier entre l'une et
l'autre coupole ; car la coupole construite par Michel-
Ange offre cette particularité qu'elle est double, afin de
présenter un aspect régulier tant à l'extérieur qu'à l'intérieur. Dans ce corridor, on est obligé de passer en s'in-
clinant de côté, car on ne pourrait s'y tenir droit ; il
conduit à un escalier de bois en zigzag terminé par
quelques marches de pierre, au moyen desquelles on
arrive à la balustrade extérieure de la base de la lanterne.

A cette élévation, on jouit d'une vue des plus étendues,
toute la ville de Rome était à nos pieds, et nous avions
pour horizon, d'un côté les montagnes de la Sabine et
des Apennins, et de l'autre la mer Tyrrhénienne ; dans
l'intervalle les plaines mortes au milieu desquelles est
assise, comme une cité du désert, la ville Éternelle.

L'escalier qui mène en haut de la lanterne est extrêmement raide, étroit et tournant ; il conduit à la galerie
extérieure des candélabres. Si l'on veut aller jusqu'à la
boule qui supporte la croix, il faut monter à une échelle
perpendiculaire en fer. Cette dernière ascension est
très-embarrassante pour des dames.

Après être redescendus de ces sommités aériennes,
nous avons visité les trois sacristies de la basilique. Nous
avons ensuite, au moyen de nos billets, été introduits
dans la fabrique de mosaïques du Vatican. Nous sommes
entrés dans une grande pièce où un certain nombre
d'ouvriers étaient occupés. Chaque ouvrier a devant lui
la peinture qu'il copie ; puis un grand nombre de pains
d'émaux de toutes nuances brisés en petits morceaux. Il
a aussi une roue sur laquelle il brise son émail pour lui
donner la forme convenable. C'est un ouvrage de pa-
tience et de minutieuse attention. Notre journée s'est
terminée par une visite à l'église Sainte-Marie de la
Paix. Cette église, commencée par le pape Sixte IV, fut
achevée sous le pontificat d'Alexandre VII.

On y remarque principalement l'un des chefs-d'œuvre
du pinceau de Raphaël. Au-dessus de l'arc de la première chapelle à gauche, brille sa belle peinture à fres-
bue représentant les sibylles de Cumes, de Perse, de
Phrygie et de Tivoli. On y voit aussi le prophète Daniel
et le roi David peints par le même maître.

La seconde chapelle, immédiatement après celle des
prophètes et des sibylles, mérite également l'attention
des visiteurs ; elle a été dessinée par Michel-Ange.

A notre retour à l'hôtel, j'ai été très-agréablement surpris de trouver un billet m'informant que je serais reçu le
lendemain mardi, en audience particulière, par le souve-

rain pontife Pie IX : c'était pour moi un honneur auquel je fus extrêmement sensible ; seulement mes compagnes n'étaient pas comprises dans cette première invitation.

Journée du 21 septembre

AUDIENCE DE SA SAINTETÉ LE PAPE PIE IX

Vers onze heures du matin, muni de mon billet, je me présentai au Vatican. Je montai trois larges escaliers de marbre, et j'arrivai dans une grande pièce, ornée de très-belles peintures, et où se promenaient les gardes du pape. Leur costume est original et mérite d'être décrit. Ils portent un haut-de-chausses à larges bandes, noires, rouges et jaunes, une cuirasse ronde du moyen-âge avec brassards articulés, une fraise autour du cou, sur la tête un casque rond en acier surmonté d'un panache rouge, le tout avec accompagnement d'un large baudrier jaune, et d'une longue hallebarde à l'antique.

Bientôt, sur la présentation de mon billet d'audience, un camérier en robe violette m'a fait entrer dans une salle tendue en damas rouge et où s'élevait un trône papal ; le pavé consistait en un magnifique assortiment de marbres de toutes couleurs.

Deux ecclésiastiques avaient été introduits avant moi dans cette salle ; ils furent successivement appelés à l'audience du pape par un coup de sonnette et sur l'invitation du camérier.

Quand vint mon tour, je priai le camérier de vouloir bien m'instruire des formalités en usage pour la réception pontificale; il me fit ôter mes gants et me dit qu'il était dans les convenances, en se présentant devant sa Sainteté, de poser trois fois un genou en terre.

Aussitôt donc que je fus introduit, je m'agenouillai, mais le pape m'invita immédiatement à me relever, et me tendit son anneau pontifical que je baisai en me mettant à ses pieds pour recevoir sa bénédiction.

Pie IX était habillé tout en laine blanche; il était assis devant une petite table couverte d'un damas rouge, et m'engagea à m'asseoir sur un siége de bois qui était en face de lui. Sa figure respirait l'affabilité et une extrême bonté; on était de suite à son aise avec lui. A cette époque, Pie IX avait soixante-six ans; il jouissait encore de la plénitude de sa souveraineté temporelle, et rien ne faisait prévoir les tribulations qui devaient l'assaillir.

Il s'informa du lieu où je demeurais: « Ah ! me dit-il, vous habitez la banlieue de Paris,; il y a là, n'est-ce pas ? une population remuante, indisciplinée, peu touchée de la crainte de Dieu ; vous devez ne pas être loin des fortifications ; c'est M. Thiers qui les a fait construire, ajouta-t-il en hochant la tête ; mais elles n'ont pas empêché la chute de Louis-Philippe ; elles n'empêcheront rien de ce qui doit arriver. »

J'étais loin alors de supposer un sens prophétique à ces paroles.

La conversation continua sur ce ton familier pendant près d'un quart d'heure. Pie IX s'exprimait très-bien en français et sans le moindre embarras.

Avant de me retirer, comme je lui demandais une seconde fois sa bénédiction apostolique, il me dit avec effusion : « Je vous la donne de bon cœur pour vous et pour toute votre famille. » — Très-saint Père, repris-je alors,

j'ai avec moi des dames qui seraient désolées de quitter
Rome sans vous avoir vu et sans avoir reçu votre bénédiction de vos propres mains. Ne puis-je espérer que
vous leur accorderez aussi la faveur d'approcher de votre
Sainteté ? — « Eh bien ! répondit-il, arrangez cela pour
dimanche prochain avec le cardinal Pacca, car je ne
reçois les dames que le dimanche : Addio, signor. »

Ainsi se termina cette entrevue, dont le récit causa
une grande satisfaction à mes trois compagnes ; nous
nous sommes empressés d'aller voir le cardinal Pacca,
qui voulut bien prendre note de notre demande et nous
promit de nous adresser les billets demandés pour le
dimanche 26.

Pour achever cette belle journée, nous avons pris une
voiture et nous sommes allés visiter la villa Albani.

Cette villa est située au delà de la porte Salaria dans
une agréable position avec une admirable perspective
sur les montagnes.

Le palais est d'une élégante architecture ; il s'annonce
par un vaste portique avec arcades supportées par des
colonnes de granit rouge et gris. Il renferme une nom ·
breuse collection de marbres et de sculptures antiques.

Après le diner de la table d'hôte , une excursion à
l'aventure dans le Transtévère nous a permis de voir la
cloaca maxima à son débouché dans le Tibre, et le temple
de Vesta situé sur ses bords.

Journée du 22 septembre

Dans la matinée nous avons visité le palais du Quirinal
et ses jardins ; nous avions obtènu des billets d'entrée
par l'intermédiaire de notre piccolo. Les appartements

privés de Sa Sainteté étaient tous tendus en damas de soie rouge, et dallés de marbres magnifiques.

La chapelle du palais, peinte à fresque par le Guide, offrait aux regards, au-dessus du maître-autel, un ravissant tableau de l'Annonciation.

De là nous nous sommes rendus au Capitole, dont le nom moderne est Campidoglio, ce qui veut dire champ d'huile. On y arrive par une belle et spacieuse rampe accompagnée de deux balustrades à la naissance desquelles on voit deux lions de granit noir et de style égyptien, jetant de l'eau. Au sommet de cette rampe sur deux grands piédestaux, s'élèvent les statues colossales de Castor et de Pollux, en marbre pentélique, placées à côté de leurs chevaux; auprès d'elles, deux trophées en marbre connus sous le nom de trophées de Marius; plus loin, deux colonnes dont celle placée à droite est l'ancienne colonne milliaire qui marquait le premier mille de la voie Appienne.

La place du Capitole forme un carré parfait dont le principal ornement est une superbe statue équestre de Marc-Aurèle en bronze; cette place est entourée de trois édifices. Celui qui occupe le fond est le palais sénatorial; à droite est le palais des Conservateurs, et à gauche le musée du Capitole.

Le palais des Conservateurs était l'ancien siége des magistrats municipaux; les deux premières salles contiennent entre autres curiosités des fresques du chevalier d'Arpin sur les commencements de l'histoire romaine.

La galerie des tableaux du Capitole, fondée par le Pape Benoit XIV, a été établie dans ce palais.

Nous y avons remarqué la Leçon de flûte et la Femme adultère du Titien, l'Enlèvement d'Europe par Paul Véronèse, la Sibylle persique du Guerchin, et par-dessus tout son tableau de sainte Pétronille, dont nous avions vu la mosaïque au Vatican.

Une salle qui mérite une mention particulière, c'est celle qui contient une louve antique en bronze allaitant Romulus et Rémus : tout au tour des murs de cette salle se déroule une fresque qui représente la marche processionnelle d'un triomphe du temps de Marius.

Journée du 23 septembre

Dans la matinée nous nous sommes dirigés sur le mont Janicule pour visiter l'église Saint-Pierre *in Montorio* qui a été construite sur le lieu consacré par le martyre de saint Pierre. Cette église est située devant un admirable panorama dans lequel la ville de Rome tout entière se développe aux regards avec les montagnes de la Sabine pour horizon.

Le cloître contigu renferme le petit temple circulaire construit par Bramante sur le lieu même du supplice de saint Pierre.

Dans la chapelle souterraine, une lampe qui brûle indique l'ouverture sphéroïde où la croix de l'apôtre fut plantée.

Au-dessus est établie une chapelle supérieure entourée par un péristyle de seize colonnes doriques en granit de l'architecture la plus élégante.

De là nous sommes allés faire une excursion à la villa Pamphili-Doria, l'une des plus agréables de Rome par la beauté de ses jardins et de son site.

En nous y rendant, nous avons vu en passant la fontaine Pauline, dont l'aspect est monumental, et qui est remarquable par l'abondance de ses eaux.

On sort de la ville par la porte Saint-Pancrace, qui a été entièrement rebâtie à neuf ; car elle avait été détruite au siége de Rome par les Français en 1849. C'est entre la fontaine Pauline et cette porte que Garibaldi avait établi son quartier général, tandis que les Français campaient hors des murs dans une propriété de la famille Corsini, qui a été dévastée.

Nous avons fait une magnifique promenade dans les jardins de la villa Pamphili, dont le parc est distribué d'une manière très-pittoresque. On y admire particulièrement ses belles plantations de pins d'Italie d'un aspect si grandiose, et le joli lac accompagné de chutes d'eau qui contribuent à embellir ce vaste domaine.

En revenant nous avons pris, au pied du Janicule, la rue Lungara, où s'élève le palais Corsini, qui possède une riche galerie de tableaux. Nous y sommes entrés pour la visiter.

Presque en face est la Farnésine, où Raphaël a peint, dans les voussures de la grande salle, les principaux traits de la fable de Psyché, et dans le plafond, qu'il divisa en deux vastes compartiments, d'un côté l'Assemblée des dieux devant laquelle Vénus et l'Amour viennent plaider leur cause, et de l'autre le Banquet des dieux, ou les noces de Psyché et de l'Amour.

Dans une autre salle contiguë à cette galerie, Raphaël a peint le Triomphe de Galathée. Sur une des murailles de cette dernière salle, on fait remarquer au voyageur une tête colossale que Michel-Ange y a dessinée au charbon, un jour qu'il attendait Daniel de Volterre.

Le palais Farnèse, édifice d'un caractère imposant, et qui s'annonce comme une forteresse, fut le dernier objet de nos visites pour ce jour-là.

C'est avec les travertins tirés de l'amphithéâtre du Colysée, que Michel-Ange éleva la belle corniche qui couronne la façade principale de ce palais.

Les plafonds de la grande salle sont l'œuvre des deux frères Carrache.

Journée du 24 septembre

Nous avons consacré la matinée du 24 septembre à la visite du musée du Capitole.

Ce musée renferme plusieurs salles de sculptures très-intéressantes.

La première est la salle du Vase, ainsi nommée d'un grand vase en marbre blanc trouvé près du tombeau de Cécilia-Métella. On y remarque, entre autres curiosités, l'admirable mosaïque des colombes de Furietti.

Sur la seconde salle (la galerie proprement dite) s'ouvre un cabinet particulier où sont renfermés trois chefs-d'œuvre : la Vénus du Capitole, l'Amour et Psyché, enfin Léda et le Cygne. Ce cabinet n'est pas toujours ouvert au public ; mais nous avons pu y pénétrer à la suite d'un ecclésiastique habillé en bourgeois, et accompagné de deux jeunes gens qui paraissaient être ses élèves. Cet ecclésiastique était un homme charmant, très-spirituel et d'une gaîté communicative ; il logeait avec nous à la Minerve.

Comme le custode lui faisait admirer la beauté des formes de la Vénus du Capitole qu'il faisait tourner de-

vant lui comme sur un pivot, afin que l'œil des visiteurs
pût la considérer à son aise sous toutes ses faces, notre
abbé, voyant ma fille qui paraissait effarouchée des nu-
dités de la célèbre statue, lui dit tranquillement avec un
fin sourire : « Oh! Mademoiselle, ne détournez-pas les
yeux ; n'ayez pas peur : c'est l'art que nous avons plaisir
à examiner ici ; c'est l'art qui nous permet d'étudier la
nature ; ne craignez rien ; vous pouvez regarder en toute
sûreté de conscience. »

Ma fille devint rouge comme une cerise, et nous
rîmes tous de bon cœur à la déclaration de cet admira-
teur passionné de l'art antique.

La troisième salle est celle des bustes des empe
reurs. La quatrième contient les bustes des philosophes.
Viennent ensuite le grand salon où l'on admire un
Esculape en noir antique et un Apollon Pythien, exécuté
dans le plus grand style ; le salon du Faune à la Ven-
dange, l'une des merveilles du Capitole : c'est là que
l'on voit aussi l'Enfant à l'Oie, et le Tireur d'épine ;
enfin la salle du Gladiateur ou du Gaulois blessé.

Après cette station au Capitole, nous sommes repartis
en voiture pour visiter divers monuments que nous n'a-
vions pas encore vus, tels que l'arc de Janus Quadrifons,
les ruines du palais des Césars sur le mont Palatin,
l'arc de Drusus près la porte Appia, les débris impo-
sants des thermes de Caracalla, enfin l'emplacement du
cirque de Maxence. Mais le but principal de notre excursion était la descente aux catacombes de saint Calliste.

Sur la route qui nous y conduisait, nous vîmes la chapelle connue sous le nom de : *Domine, quo vadis?* Elle
est ainsi nommée parce que, selon la tradition romaine,

saint Pierre, au moment où il se sauvait de Rome pour fuir la persécution, rencontra en cet endroit Jésus-Christ portant sa croix, et lui dit : *Domine, quo vadis?* Seigneur, où allez-vous? — « Je vais à Rome, répondit le Sauveur, pour me faire crucifier de nouveau. » L'apôtre comprit le reproche indirect que ces paroles semblaient lui adresser, et il revint sur ses pas pour affronter le martyre.

L'entrée des catacombes de saint Calliste est un peu en avant de l'église Saint-Sébastien, que nous avons d'abord visitée; on y voit une inscription en latin qui indique que 174,000 martyrs et 46 papes reposent dans ces catacombes célèbres. Nous sommes descendus ensuite en plein champ par des escaliers assez raides qui nous ont conduits dans de profonds souterrains tout récemment déblayés des terres qui les encombraient. Nous étions sous la direction du gardien, qui malheureusement ne parlait pas français, et dont en conséquence nous comprenions très-difficilement les explications. Nous avions pour nous éclairer chacun à la main un bout de cierge allumé dans le genre de ce que nous appelons un rat-de-cave.

Nous fûmes introduits de cette façon dans un dédale de corridors ténébreux, bordés de chaque côté par des tombes superposées les unes au-dessus des autres, dont quelques-unes ont conservé par devant leur pierre sépulcrale, tandis que d'autres laissent découvrir des vestiges d'ossements humains. C'est dans ces allées souterraines creusées à travers un tuf granulaire que les premiers chrétiens venaient se cacher pour échapper aux persécutions, et où ils enterraient leurs martyrs.

On nous fit remarquer dans de petites chambres carrées également entourées de tombes, et qui servaient d'oratoires aux chrétiens réfugiés, différents restes de peintures à fresque qui représentent le Bon Pasteur, des cœurs, des palmes de martyre ou des portraits, tels que ceux de saint Corneille et de saint Cyprien. Le guide nous signala entre autres deux sarcophages bien conservés dont on a enlevé la pierre supérieure pour y placer des vitrines, au travers desquelles on distingue les ossements presque réduits en poussière du mort qu'on y avait déposé, et auprès de lui sa compagne encore enveloppée de son linceul funéraire. Ces tombeaux sont entièrement sculptés, et tout auprès on montre la pierre qui en a été enlevée pour découvrir le mystère qu'ils renfermaient.

Les catacombes occupent une étendue considérable sous la ville de Rome : on pourrait circuler pendant une journée entière dans ces cryptes ténébreuses où l'on trouve d'innombrables sentiers qui se croisent en tous sens, et contiennent des milliers de corps ensevelis à toutes les hauteurs.

Mais après une heure de marche dans les défilés de ces sombres retraites où, selon l'expression de saint Jérôme, l'obscurité profonde et le silence même épouvantent l'imagination, ma fille, qui commençait à se sentir mal à l'aise sous l'impression de l'humidité glaciale des voûtes souterraines, témoigna le désir de retourner au grand air du ciel ouvert, et de ne pas prolonger davantage cette exploration dans le séjour des morts. Ma belle-mère ayant beaucoup appuyé son avis, nous nous décidâmes à prier le gardien de nous reconduire par le plus court chemin au domicile des vivants, et nous fûmes enchantés de le retrouver, malgré l'intérêt réel et profond qu'avait présenté pour nous cette excursion d'un nouveau genre, qui rappelait à nos mémoires la descente d'Enée aux enfers.

> Ibant obscuri solâ sub nocte per umbram,
> Per que domos Ditis vacuas, et inania regna.
>
> VIRGILE (*Œneidos, lib. VI*).

Journée du 25 septembre

L'EXCURSION A TIVOLI

Nous sommes partis à sept heures et demie du matin avec un cocher parlant français et qui nous avait déjà conduits plusieurs fois dans Rome. Sortis de la ville par la porte Saint-Laurent, nous sommes entrés en passant dans la vieille basilique où repose le corps de ce martyr dans une chapelle souterraine du chœur. Cette basilique est toute dallée de marbres en mosaïque ; elle possède deux ambons et une chaire d'évêque ; les belles colonnes corinthiennes du chœur remontent au temps de Constantin ; la partie antérieure de la basilique et le portique sont du VIII° siècle.

De Rome à Tivoli, la route suit la direction de l'ancienne voie Tiburtine dont on retrouve sur divers points les dalles brisées. Elle traverse des campagnes incultes, marécageuses, de vastes prairies, dont l'aspect monotone est seulement varié par les ruines de quelques grandes lignes d'aqueducs, ou de vieilles tours disséminées dans la campagne romaine.

A 4 milles de Rome, on passe sur un pont le Teve-
rone ou l'Anio ; puis on rencontre le canal de la Solfa-
tarra, qui s'annonce d'avance par la mauvaise odeur
s'exhalant de ses eaux imprégnées de soufre. Le pont
Lucano avec le tombeau de Plautius annonce le territoire
de Tivoli. Des rampes douces et ombragées d'une belle
forêt d'oliviers, curieux par les formes étranges de leurs
troncs, conduisent sur les hauteurs où la ville est assise,
gracieusement suspendue sur le bord du précipice où
tombait le fleuve. Notre cocher nous fit l'honneur de
nous conduire à l'hôtel qui possède les ruines célèbres
du temple de Vesta, et notre déjeuner fut préparé
sous les colonnes antiques de ce petit édifice circulaire,
d'où la vue domine sur les gorges de l'Anio, et présente le plus charmant paysage.

En attendant notre repas, nous sommes allés visiter
le gouffre où tombait jadis cette antique cascade, et
les grottes de la Sirène et de Neptune. Je fis une chute
dans l'une des crevasses de ces grottes ; mais heureusement l'accident fut sans gravité.

De là, nous sommes allés voir l'endroit où tombe
actuellement la nouvelle chute de l'Anio. Pour y pénétrer, il faut passer à une barrière où l'on paie un droit
d'entrée à la gardienne. Un escalier, qui compte un
nombre considérable de marches, a été ménagé pour
la descente des voyageurs qui veulent contempler la
chute de la partie inférieure où elle est le plus en vue
et d'où elle forme le tableau le plus saisissant. Après
que nous eûmes suffisamment admiré les eaux qui se
précipitaient en nappes immenses et bruyantes dans le
fond de la gorge, nous avons repris le chemin de l'hôtel
et nous avons déjeuné avec le plus grand plaisir dans

une situation ravissante, à l'ombre des colonnes en travertin du temple de Vesta, admirant le riant et beau panorama qui se déroulait devant nous.

Nous fîmes ensuite le tour de la gorge, passant aux lieux où s'élevaient autrefois les villas de Catulle et d'Horace, et devant les sept cascatelles encore subsistantes de la villa de Mécène. Une visite à la villa d'Este a complété nos excursions de la journée.

Journée du 26 septembre

LA RÉCEPTION DU SAINT-PÈRE

La journée du 26 septembre devait être la dernière de notre séjour à Rome.

La veille, à notre retour de Tivoli, nous avions trouvé un billet adressé de la part de Sa Sainteté à l'Illustrissima signora Léonie Thibault et par lequel on l'avertissait qu'elle et ses deux compagnes seraient reçues le dimanche 26 septembre, à quatre heures de l'après-midi, au palais du Vatican. Tous nos désirs devant être ainsi accomplis, nous sommes allés dans la matinée de ce dernier jour au Conservatorio du prince Torlonia pour faire nos adieux aux bonnes sœurs qui avaient mis tant de zèle à nous être agréables en nous procurant le moyen de nous mettre en rapport avec Sa Sainteté.

Nous avons ensuite fait une dernière station à la basilique de Saint-Pierre, et j'en profitai pour descendre seul avec un sacristain au tombeau des saints apôtres, connu aussi sous le nom de Grottes vaticanes : les hommes seuls y sont admis. Il me fut ainsi permis de m'agenouiller devant l'autel privilégié du tombeau des saints Pierre et Paul, dont la chapelle est décorée de peintures curieuses et de bas-reliefs très-intéressants.

De là, sur la recommandation des bonnes sœurs, nous avons pris une voiture pour aller visiter les églises de Sainte-Praxède et de Sainte-Pudentienne, qui ont été consacrées à ces deux filles du sénateur Pudens, dont la maison passe pour avoir été le premier asile de saint Pierre et des premiers chrétiens de Rome.

L'église de Sainte-Praxède, bâtie vers l'an 160, était le refuge ordinaire des chrétiens dans les persécutions. Suivant une inscription qu'on lit dans une nef, on y a enseveli les corps de 2,300 martyrs. Sainte Praxède, selon la tradition, recueillait leur sang et l'exprimait avec une éponge dans le puits que l'on voit encore au milieu de l'église. Ce puits est clos d'une grille en fer. L'église fut restaurée dans le neuvième siècle par le pape Pascal Ier et plus tard enrichie d'ornements par saint Charles Borromée, qui en était cardinal titulaire. On monte au sanctuaire, très-élevé selon la forme antique, par un double escalier d'un marbre rouge fort rare.

Le tableau de la Flagellation, chef-d'œuvre de Jules Romain, aujourd'hui placé dans la sacristie, avait été peint pour la chapelle de saint Zénon où l'on vénère la colonne de la Flagellation à laquelle Notre-Seigneur fut attaché. Cette colonne est de marbre oriental noir et blanc, et peut avoir trois pieds de hauteur.

Les historiens ecclésiastiques nous apprennent que le cardinal Colonna, légat du Saint-Siége dans la Terre-Sainte, la fit transporter en 1223 à Rome, de Jérusalem où elle avait été conservée. Il est interdit aux femmes de pénétrer dans la chapelle où est placée cette colonne; seul je fus admis à y entrer.

L'église de Sainte-Pudentienne, qui n'est pas éloignée de Sainte-Praxède, a été bâtie à l'endroit même où s'élevait autrefois la maison du sénateur Pudens. Le corps de Sainte-Pudentienne y repose sous le maître-autel.

Après cette visite intéressante sous le rapport des traditions historiques, nous sommes rentrés à l'hôtel où mes compagnes firent la toilette obligée pour les réceptions du Saint-Père en revêtant une robe noire, et en se couvrant la tête d'un voile également noir.

Quand elles furent arrivées à leur destination, on les fit monter dans un salon d'attente où se trouvaient déjà réunies trois ou quatre familles.

Ce salon, tendu de rouge avec des fauteuils en palissandre garnis de velours rouge, était orné de quatre grandes toiles représentant la vie de la sainte Vierge.

Les domestiques qui les introduisirent étaient en culotte courte et tous vêtus de rouge.

Au bout de quelques minutes, un camérier revêtu d'une soutane violette les fit passer avec trois autres familles dans la galerie des Arazzi. Les dames furent invitées à ôter leurs gants selon l'étiquette exigée.

Bientôt, au coup d'une petite sonnette, on les appela avec trois autres familles dans le cabinet du Pape; elles étaient les dernières par ordre de rang; ce qui leur procura l'avantage de contempler le Saint-Père pendant quelques instants de plus.

Pie IX était revêtu d'une soutane blanche recouverte d'un petit camail blanc avec une large ceinture de moire blanche ; il était chaussé de mules rouges brodées d'or.

Il se tenait debout devant une table sur laquelle était placé un crucifix.

Sa salle de réception était simple, tendue de vert et dallée de marbre.

Pie IX parlait successivement à chaque famille ; quand mes compagnes furent à leur tour agenouillées toutes trois devant lui, il les fit relever avec une extrême bonté, s'informa de leur degré de parenté, de la destination de leur voyage, et dès qu'elles lui eurent rappelé mon nom, il déclara se souvenir parfaitement qu'il m'avait reçu en audience privée le mardi précédent.

Il leur donna donc sa bénédiction avec la plus grande affabilité, et après avoir baisé son anneau pontifical, elles se retirèrent enchantées de la réception qui leur avait été faite.

Je les attendais dans la basilique de Saint-Pierre ; elles me témoignèrent toute leur satisfaction ; nous n'avions plus qu'à nous occuper des préparatifs de notre départ pour le lendemain.

Journées des 27 et 28 septembre

TRAJET DE ROME A TERRACINE

En 1858 le chemin de fer de Rome à Naples n'était pas encore établi ; le maître d'hôtel de la Minerve nous mit en rapport avec un *vetturino*, nommé Giovanni, qui avait à nous offrir une voiture confortable avec quatre

bons chevaux. Nous devions occuper tous les quatre l'intérieur de la voiture ; le devant était réservé à deux jeunes
gens de la Westphalie. Ce qui faisait le piquant de ce
dernier voyage, c'est que notre *vetturino* devait nous
loger et nous donner à dîner ; le déjeuner du matin et la
collation restaient seuls à nos frais.

Nous partîmes de Rome le 27 septembre à dix heures
du matin par la porte San Giovanni. Nous ne pouvions
nous défendre d'un certain regret en jetant un regard
d'adieu sur cette cité si curieuse qui renferme tant de
merveilles, sur ce dôme de Saint-Pierre que nous apercevions encore dans le lointain.

La route à travers la campagne romaine n'offre d'abord
d'autre intérêt que la vue de longues lignes d'aqueducs
qui donnent au paysage un caractère tout particulier.
Mais aux environs d'Albano, vers l'endroit où commencent les montagnes du Latium, le pays redevient acci-
denté et pittoresque. Nous nous sommes arrêtés environ
deux heures à Albano pour laisser reposer les chevaux.
Pendant cette halte, nous sommes allés voir le magnifique
viaduc qui relie actuellement Albano au bourg d'Aricia,
et les ruines du tombeau d'Aruns, fils de Porsenna, qui
fut tué jadis sous les murs de l'antique Aricie.

Les deux Westphaliens avaient sans doute fait le trajet
à pied jusque-là : ils vinrent seulement alors occuper le
cabriolet de la voiture.

Nous parcourions un pays très-agréablement acci-
denté, ayant à notre droite une grande plaine s'éten-
dant jusqu'à la mer Tyrrhénienne que nous apercevions
comme une longue bande bleue à l'horizon ; à peu près
au milieu de cette bande, le soleil s'y reflétait comme
dans un miroir éblouissant.

Enfin nous sommes arrivés à Velletri, patrie de l'empereur Auguste et ancienne ville des Volsques.

La chambre qui nous fut donnée avait une vue admirable sur les montagnes, et dans la matinée du 28, en nous réveillant, nous avons contemplé le plus beau lever de soleil qu'il soit possible d'imaginer. C'était un tableau d'une magnificence vraiment grandiose, mais indescriptible.

A sept heures du matin, nous quittions Velletri, et nous descendions dans une immense plaine bordée d'une forêt où les brigands ont longtemps établi leur repaire; pour la sûreté de la route, on a coupé les arbres à une assez grande distance de chaque côté.

Nous sommes entrés ensuite dans les Marais-Pontins qui ont huit lieues de longueur sur trois dans leur plus grande largeur. Ces marais sont de vastes solitudes animées seulement par des troupeaux de buffles; l'air y est malsain, en sorte que les habitations y sont extrêmement rares.

Nous avons fait notre station méridienne au Foro-Appio mentionné par le poëte Horace dans son voyage à Brindes.

A partir de là l'horizon était borné à notre gauche par de hautes montagnes, prolongements des Apennins; tandis qu'à notre droite nous apercevions au loin la mer et le mont Circé tout à fait isolé, et formant le promontoire nord du golfe de Gaëte.

Vers trois heures et demie nous arrivions à Terracine. Cette antique ville des Volsques, autrefois port de mer, est abritée par des rochers presque à pic, où les aloès et autres plantes grasses croissent partout san culture; on y voit çà et là quelques palmiers dans le

7

jardins ; la ville est dominée par des ruines pélasgiques. De ces hauteurs où nous avons grimpé, la vue s'étend sur la mer, le mont Circé et les îles Ponza.

Dans la soirée nous avons été agréablement surpris : de la chambre de ma fille, qui donnait sur les rochers, nous aperçûmes pour la première fois la lumineuse comète qui brilla en 1858 ; là nous avons pu admirer à notre aise l'éclat prodigieux de sa queue qui resplendissait au milieu du ciel le plus pur ; ce fut la grande occupation de notre soirée.

ROUTE DE TERRACINE A NAPLES

Journées des 29 et 30 septembre

La journée du 29 septembre débuta pour nous par l'aspect d'un splendide lever de soleil sur la mer. Nous étions encore émerveillés ; dans ces latitudes, le ciel a des beautés d'une nature toute particulière. La mer, en effet, venait baigner le pied de l'hôtel que nous occupions à Terracine, et des fenêtres de notre chambre nous apercevions l'immense nappe bleue qui se déployait devant nous dans toute sa grandeur. Notre départ eut lieu vers six heures et demie du matin. La route au sortir de Terracine s'engage dans un défilé entre la mer et les rochers, défilé dont il est souvent fait mention dans la guerre des Romains avec les Samnites.

La position de Torre di Confini, où nous arrivâmes bientôt, marquait alors la séparation entre les Etats-Pontificaux et le royaume de Naples. Là on nous fit arrêter pour la visite des passe-ports, et, moyennant le tribut d'usage, j'obtins du chef de la douane un papier au moyen duquel j'espérais pouvoir circuler librement dans le royaume napolitain.

Mais nous n'étions pas au bout de nos peines : la douane napolitaine nous attendait sous les armes dans la petite ville de Fondi, amas de maisons informes jetées sans régularité sur le flanc d'une crête aride, et habitée par une population misérable qui semblait n'avoir de voix que pour demander la charité. Un attroupement d'hommes, de femmes et d'enfants déguenillés se forma en un clin d'œil autour de notre voiture arrêtée pour subir les investigations de la douane qui s'était mise au travers de notre passage. Voilà que l'on nous somme de descendre les bagages et d'ouvrir les malles. Nous n'avions rien de sujet aux droits; il n'en fallut pas moins payer le chef de la douane qui taxait les voyageurs sans façon et avec une autorité incroyable. Il fallut en outre payer les *facchini* qui avaient transporté les bagages de la voiture à l'intérieur de la douane, sans oublier le gardien dont la mission est d'avoir l'œil sur les bagages pendant la visite. Avec quel plaisir nous sortîmes enfin de ce misérable bourg de Fondi pour entrer dans le cercle des montagnes ! Peu à peu, cependant, ces montagnes s'abaissèrent vers notre droite, et nous découvrîmes de nouveau, à travers les oliviers sauvages dont la route était bordée, une vaste étendue de la mer Tyrrhénienne : c'était le golfe de Gaëte.

Après avoir dépassé la vieille tour de Cicéron, qui passe pour être son tombeau, nous sommes entrés à Mola di Gaëta, où nous avons pris notre déjeuner à l'hôtel de Cicéron, bâti, dit-on, sur le lieu même où ce grand orateur a été tué par les sicaires d'Antoine. Le jardin attenant à l'hôtel était tout planté de citronniers et d'orangers en pleine terre, et descendait en pente jusqu'au bord de la mer.

A la sortie de Mola, de nouveaux ennuis causés par une troisième douane nous attendaient encore ; ces douanes napolitaines étaient d'une rapacité vraiment incroyable.

Nous aperçûmes bientôt la vallée où existait autrefois la ville de Minturnes, dont il existe encore quelques ruines.

La, route était plantée de grands arbres, et bordée de nombreux aloès qui poussent ici communément sans culture, comme les chardons dans nos pays.

Elle traverse sur un beau pont en fils de fer la rivière Garigliano, qui portait autrefois le nom de Liris. Notre gauche était toujours dominée par de hautes montagnes dans lesquelles nous admirions les reflets du soleil couchant au moment de notre arrivée au rustique hôtel de Santa-Agatha.

Nous nous arrêtâmes dans une auberge solitaire. Après notre dîner, nous sortîmes pour mieux comtempler les feux de la comète qui resplendissait de plus en plus et brillait au-dessus de nos têtes. Le 30 septembre, nous quittâmes Santa-Agatha pour nous diriger sur Capoue, ville fortifiée que baigne le Vulturne ; elle est

à une petite distance de l'ancienne Capoue, célèbre
par le repos d'Annibal. Là nos deux Westphaliens se
séparèrent de nous ; ils étaient très-pacifiques, et par-
laient assez difficilement le Français, en sorte que
nos communications avec eux avaient été restreintes
et bornées.

Après Capoue, nous eûmes à traverser la petite ville
d'Aversa, mais une nouvelle douane devait se dresser
devant nous avant d'arriver aux portes de Naples. Là
le chef de la douane, de plus en plus intraitable, exigea
une piastre pour nous laisser entrer sans visiter nos
malles. Un pareil système de douanes ressemble à une
piraterie organisée, et faisait bien peu d'honneur, il
faut en convenir, au gouvernement napolitain.

Vers quatre heures nous faisons notre entrée dans la ville
de Naples et nous arrivons sur le port. Le golfe se déploie
devant nous dans toute sa grâce majestueuse ; le Vésuve
fumant se dresse à notre gauche ; et au milieu des éton-
nements où nous plonge tout d'abord l'aspect du splendide panorama qui commençait à se dérouler à nos yeux,
nous descendons à l'hôtel de Russie, situé dans la rue
Sainte-Lucie, près le quai Chiaja.

On nous a installés dans une chambre d'où nous jouis-
sions d'une admirable vue sur le golfe et sur le Vésuve.
Nous prîmes alors congé de notre *vetturino* avec lequel
nous n'avions cessé d'être en excellentes relations ; il
avait de bons chevaux qui marchaient bien, et nous
avait convenablement traités.

SÉJOUR A NAPLES

Journée du 1ᵉʳ octobre

La visite du museo Borbonico occupa la majeure
partie de notre journée du 1ᵉʳ octobre. Ce musée, situé
à l'extrémité de la rue de Tolède, est l'une des grandes curiosités de Naples ; il est unique en son genre
pour les antiquités qu'il contient, et qui ne se retrou-
vent nulle part ailleurs ; elles proviennent principalement des fouilles de Pompéi et d'Herculanum, ces deux
cités rendues à la lumière après 1800 ans d'ensevelis-
sement. Le musée comprend 14 salles toutes fermées
par des grilles et dont chacune a son custode particulier qui vous suit et vous donne des explications en
assez bon français sur les objets renfermés dans son
département. Je n'en ferai pas ici la description, parce
qu'elle se retrouve partout ; je dirai seulement qu'au
nombre des ouvrages en marbre, on remarque entre
autres œuvres célèbres, la Vénus Callipyge, le groupe
du Taureau Farnèse, et l'Hercule Farnèse.

Dans la salle du musée égyptien, nous avons vu des
momies découvertes et parfaitement conservées. La fille
d'un Ptolémée, que l'on a placée dans un sarcophage de
verre, possède encore ses cheveux après un laps de
temps de près de 2000 ans. Toutes ces momies sont
devenues couleur de bronze, ce qui tient au baume
qu'on employait pour momifier les corps.

Les objets de luxe forment une collection très-inté-

ressante ; ils égalent, s'ils ne surpassent, par la richesse
de la matière et la beauté du travail, ce que nous avons
de plus parfait. Bracelets d'or en forme de serpent pour
le haut du bras et pour le poignet, colliers également
en or avec des pierres précieuses, bagues et camées d'une
valeur inestimable, ornements de tous genres, rien n'y
manque de tout ce qui peut nous faire connaître le goût,
le luxe et la vie familière des dames d'il y a dix-huit
siècles.

La collection des vases italo-grecs n'est pas moins
curieuse. On peut y suivre les progrès de l'art antique
appliqué à ce genre de fabrication depuis les plus anciens imitant le style égyptien et n'offrant qu'un petit
nombre de figures d'un dessin roide et grossier, jusqu'aux vases de la belle époque de l'art grec aux formes
sveltes, aux couleurs élégantes, d'un grain d'argile très-
fin, et recouverts d'un brillant vernis bronzé ou noir
avec des figures de couleur rougeâtre d'un dessin ferme
et pur. Les vases étrusques, au contraire, ont toujours
les figures noires sur fond rouge.

La visite de toutes ces salles, qu'il m'est impossible
d'énumérer jusqu'au bout, nous retint jusqu'au moment
du dîner qui avait lieu à la table d'hôte à 4 heures
comme à Rome. Après le dîner, nous sommes montés
en voiture et nous avons fait une délicieuse excursion,
d'abord sur le quai Chiaja qui longe la promenade
publique, puis sur le promontoire de Pausilippe que nous
avons contourné ; nous sommes arrivés ainsi presque en
face la baie de Pouzzoles où se développe un magnifique panorama. Nous apercevions à gauche l'île
Nisita et le lazaret, plus loin l'île de Capri et le cap
Misène, enfin à droite Pouzzoles et Bagnolle ; la mer

réfléchissait, après le coucher du soleil, une teinte chry-
soprase de la plus grande beauté.

Nous sommes revenus par la grotte de Pausilippe,
long tunnel percé jadis dans le tuf volcanique par les
Romains; il est éclairé par des réverbères.

POMPÉI ET HERCULANUM

Journée du 2 octobre

La nuit du 1er au 2 octobre fut marquée à Naples par
un orage effrayant; les détonations de la foudre étaient
si fortes et si prolongées qu'on aurait cru que le
Vésuve entrait en éruption. Je me levai pour contempler de notre fenêtre le beau spectacle que présentait
le golfe illuminé tout entier des lueurs rapides et
fulgurantes des éclairs qui semblaient remplir l'immensité; l'aspect du Vésuve avec sa masse noire sur
laquelle se détachait admirablement, dans un espace
circonscrit, la ligne de feu produite par la lave liquide
sortant constamment des petits cratères nouvellement
ouverts à sa base, empruntait un intérêt tout particulier à cette illumination grandiose qui projetait sur
le géant ses éclats fantastiques et variés : c'était une
bonne fortune pour nous d'avoir l'avantage d'une fenêtre
donnant sur le golfe.

Dans la matinée, nous nous sommes décidés pour une

excursion à Pompéi, et nous sommes partis avec le même cocher qui, la veille, nous avait conduits au promontoire de Pausilippe.

Arrivés à notre destination, c'est-à-dire à l'entrée même de Pompéi, notre cocher nous mit sous la direction d'un cicerone qui se tenait à la porte, et qui devait nous accompagner ; ce cicerone avait l'air d'un vétéran invalide auquel cette fonction avait été attribuée par forme de retraite ; il parlait assez difficilement le français.

Il nous fit entrer dans la cité silencieuse par le quartier des soldats, formé d'un portique en carré long à colonnes revêtues de stuc ; tout auprès on remarque les restes du théâtre dont les gradins comptent encore dix-sept rangées divisées par quatre escaliers ; on évalue à 5,000 le nombre des spectateurs qu'il pouvait contenir : les degrés entre les gradins sont en lave.

De là, notre cicerone nous fit faire un long trajet à travers des vignes sous lesquelles est encore ensevelie une partie de la ville pour nous mener à l'amphithéâtre de Pompéi, situé à l'extrémité orientale de cette cité. Cet amphithéâtre pouvait contenir de 15 à 20,000 spectateurs ; ses trente-cinq rangées de gradins encore subsistantes sont divisées en trois étages séparés par des couloirs. Il s'y donnait des combats de gladiateurs et de bêtes féroces ; on y a trouvé, dit-on, huit carcasses de lions. Il paraît que les habitants de Pompéi y étaient réunis au moment de l'éruption ; c'est ce qui contribua à en sauver le plus grand nombre.

Nous fûmes ramenés ensuite dans les rues silencieuses de la ville morte. Ces rues sont au nombre de vingt-six. Toutes sont pavées en larges dalles du Vésuve et bordées de trottoirs de chaque côté ; de distance en distance on voit des bornes servant à consolider les trottoirs et à monter à cheval. La plupart de ces rues établies en chaussées, sont étroites et ne peuvent guère permettre le passage qu'à deux chars qui n'auraient pas plus de quatre pieds de voie : on remarque encore les ornières des roues qui les ont sillonnées. Leur plus grande largeur ne dépasse pas quatre mètres, compris les trottoirs.

Nous sommes entrés dans plusieurs maisons pour visiter les appartements intérieurs ; il n'y a plus de toits. Les rez-de-chaussée seuls ont pu être conservés. Toutes ces maisons ont l'air d'avoir été construites sur le même modèle.

Les pièces des habitations paraissent en général extrêmement petites ; au premier coup d'œil, on s'étonne que, sous un climat brûlant, les anciens aient pu demeurer dans de semblables appartements ; cela prouve en tout cas, que chez eux la vie de famille était à peu près nulle : les hommes passaient tout leur temps au forum, aux thermes, aux gymnases et dans les autres édifices publics. Nous vîmes les thermes et le forum civil de Pompéi, le Panthéon ou temple d'Auguste, le temple de Vénus, le temple de Jupiter, la basilique ou salle de justice, etc.

Notre promenade étrange dans cette cité morte où l'on circule à ciel ouvert, dura trois heures consécutives ; nous en sommes sortis par la porte dite d'Herculanum ; tout auprès, on voit encore à l'extérieur le corps de garde et la guérite dans laquelle fut trouvé le cadavre du factionnaire surpris par l'éruption, et dont le crâne figure au musée de Naples.

De la porte d'Herculanum on aperçoit les anciens

remparts de la ville qui formaient une enceinte continue sans angle saillant; ils étaient flanqués de onze tours à trois étages dont il subsiste encore des débris.

A cette porte aboutissait la rue des Tombeaux, que nous avons également parcourue : dans cette rue, un riche Pompéïen avait sa maison de plaisance ; elle est connue sous le nom de Villa de Diomède ; c'est la plus vaste des habitations que nous avons visitées. Sous trois côtés du portique qui entoure le jardin de cette maison existe une galerie souterraine voûtée, éclairée par des soupiraux ; c'était la cave dans laquelle on peut voir encore un grand nombre d'amphores qui ont été en quelque sorte soudées dans la muraille par les cendres qui les ont recouvertes lors de l'éruption. C'est dans ces celliers que l'on trouva près de la porte les squelettes de dix-sept personnes qui probablement y avaient cherché un refuge, et y furent suffoquées, ayant été recouvertes d'une cendre fine qui se moula parfaitement sur leurs corps et sur différentes parties de leurs vêtements. Un de ces moulages, conservé au musée de Naples, porte l'empreinte très-distincte du sein d'une jeune femme.

Après cette exploration, ayant pris congé du vétéran qui nous conduisait, nous résolûmes de compléter nos études sur cette catastrophe à jamais célèbre en allant également visiter la ville d'Herculanum. Le cocher qui nous conduisait nous fit arrêter, à cet effet, dans l'une des rues de Résina.

La ville d'Herculanum, qui autrefois était port de mer, est là ensevelie sous la lave à soixante pieds de profondeur. Nous descendîmes un escalier de cent marches munis de flambeaux pour nous éclairer et conduits par un guide dont nous ne comprenions guère les explications. Nous visitâmes ainsi le théâtre enfoui dans ces souterrains; il fut découvert en 1711, lors du creusement d'un puits que le prince Emmanuel de Lorraine avait fait dans la maison située au-dessus. Une des galeries aboutit au puits moderne par où pénètre la lumière. Le guide nous fit voir les corridors, l'hémicycle gradué et la scène, que l'on a débarassés des matières volcaniques qui les encombraient et qui ont durci comme la pierre.

Il ne reste d'Herculanum à ciel ouvert qu'une très-petite portion de la cité; on y voit une fort grande maison, ainsi que les terrasses et les entrepôts qui bordaient la mer. C'est l'accumulation des matières volcaniques qui, en exhaussant le sol, a reculé le rivage au point où il est actuellement. Ainsi toute notre journée s'était passée au milieu des ruines.

L'EXCURSION AU VÉSUVE

Journées des 3 et 4 octobre

Nous avons employé la journée du 3 octobre à faire l'excursion au Vésuve, ce complément obligé de tout voyage à Naples.

Nous sommes partis vers onze heures du matin, empilés tous les quatre tant bien que mal dans une petite

voiture qui n'est guère bonne que pour deux personnes ;
mais il n'y avait que des voitures de ce genre pour se
hasarder sur la route conduisant au Vésuve et nous
faire parvenir jusqu'à l'endroit où les laves sont amon-
celées, et où sont ouverts les nouveaux petits cratères
d'où sortent des ruisseaux de feu. C'est l'éruption du
mois de mai 1858 qui les avait produits.

A Résina, où commence la route qui monte vers le
Vésuve, un homme se mit à suivre à pied notre équipage,
il accompagnait notre voiture en courant ; il était tout
en sueur ; en vain je lui faisais signe que nous n'avions
pas besoin de ses services, ce cicerone officieux s'atta-
chait obstinément à nos pas ; il fut rejoint à mi-chemin
par cinq ou six autres individus qui semblaient s'être
donné rendez-vous avec lui.

La route, qui était autrefois très-belle jusqu'à l'ermitage de San Salvador, était, depuis la récente éruption
du mois de mai, presque complétement obstruée en certains endroits par des cendres, des pierres et des scories
de laves qui en rendaient le parcours extrêmement difficile. Nous fûmes obligés tous quatre de descendre pour
marcher à pied, afin de franchir ces mauvais passages,
et de son côté notre *vetturino* tempêtait tant qu'il pouvait
et semblait dire à chaque instant que son cheval ne pourrait pas monter plus haut. Un gamin m'avait vendu
quatre grands bâtons pointus pour aider notre marche.
Bientôt nous vîmes avec effroi la vallée qui avait été le
théâtre de la dernière éruption, et qui avait été recouverte dans toute sa largeur sur une très-longue étendue
de laves en scories accumulées les unes au-dessus des
autres.

Aux premières anfractuosités de cette vallée, notre

vetturino s'arrêta définitivement en nous invitant à descendre, disant que son cheval était éreinté et n'en pouvait plus : il est vrai que la pauvre bête avait bien peiné.

A peine étions-nous descendus de voiture, que nous fûmes entourés à l'instant de six à huit individus qui s'emparèrent de nous comme si nous leur eussions été dévolus de droit. Nous ne savions pas trop où ils voulaient nous mener. La marche était excessivement difficile et pénible au milieu de toutes ces scories noires et pointues; nous vîmes enfin un des ruisseaux de lave enflammée provenant des nouveaux petits cratères; nous en appro · châmes autant qu'il nous fut possible; mais les scories brûlaient sous nos pieds, et la chaleur menaçait de nous suffoquer. Nous jetâmes donc un coup d'œil rapide, et nous fûmes obligés de nous éloigner. L'un des guides fit tourner dans la lave liquide le bout de l'un de nos bâtons et, en lui imprimant un mouvement rapide de rotation, il détermina la formation d'une scorie circulaire dans laquelle il jeta un sou de notre monnaie qui y resta incrusté.

Après m'être débarrassé comme je pus des services problématiques de ces guides improvisés, nous montâmes à pied jusqu'à l'ermitage de San Salvador pour voir l'ensemble de ces laves nouvelles et encore toutes fumantes; ma belle-mère, ne pouvant nous suivre, était retournée à notre voiture.

Nous aperçûmes alors plus distinctement le panorama de cette scène grandiose : l'aspect de tous ces petits cratères enflammés d'où sortait constamment la lave qui noircissait immédiatement, cet immense amas de scories qui se déployait sous nos yeux, ce ruisseau de feu de quelques mètres de largeur qui bouillonnait comme s'il eût été placé sur une chaudière souterraine, tout cela produisit sur nous une impression profonde que nous n'avons pu oublier.

Nous sommes montés encore au delà de l'ermitage et, après avoir dépassé l'observatoire météorologique du Vésuve, nous nous sommes avancés jusqu'à une croix placée sur un monticule d'où l'on découvre la séparation de deux vallées partant de la base même du cône de la montagne : ces deux vallées étaient recouvertes d'un immense linceul noir de laves complétement refroidies dans la vallée de gauche, mais encore en fusion dans la vallée de droite.

Au-dessus se dressait d'un côté la Somma, ancien cratère éteint, de l'autre le cône du Vésuve ; c'était un spectacle merveilleux : en haut, toutes les horreurs d'une nature extraordinaire ; en bas et dans le lointain, le tableau magique de la ville de Naples et de son golfe aux flots azurés et resplendissants.

Cette excursion, d'une nature toute particulière et qui réussit parfaitement, fut la dernière de notre séjour à Naples : le 4 octobre nous nous sommes bornés à faire une promenade générale dans la ville. Nous avons visité les principales églises : Sainte-Claire, qui renferme les tombeaux des races royales françaises d'Anjou et de Bourbon ; Sainte-Marie de la Piété, la cathédrale de Saint-Janvier, etc.

Nous avions des billets pour le palais Capo di Monte, situé à une demi-lieue de la ville sur une montagne et dans la plus admirable position. Nous sommes allés le voir, et du balcon qui se développe tout autour du premier étage de ce palais, nous avons joui successivement des vues les plus délicieuses sur le golfe de Naples, le Vésuve et tous les environs.

Seul je fus admis personnellement au couvent des chartreux de Saint-Martin, près du fort Saint-Elme. L'église de la Chartreuse est resplendissante des chefs-d'œuvre de la peinture et des marbres les plus rares.

Les superbes cloîtres du couvent, ouverts sur le golfe de Naples, sont entourés de colonnes de marbre blanc du plus beau grain. La vue qu'on découvre des arcades formées par les colonnes est au-dessus de toute description.

TRAJET DE NAPLES A LIVOURNE

Journées des 5 et 6 octobre

Nos préparatifs de départ étaient achevés, et nos places étaient retenues sur le paquebot-poste le *Vatican*, appartenant à la Compagnie impériale : nous devions partir le 5 octobre à trois heures de l'après-midi ayant pour destination Livourne, d'où nous nous proposions de passer à Florence.

Vers midi, un orage affreux, accompagné d'une pluie torrentielle, vint fondre sur Naples ; le ciel était sillonné d'éclairs ; nous commencions à être consternés. For heureusement pour nous l'orage se calma, et le soleil revint nous rendre l'espoir au moment où nous prenions une petite barque pour nous conduire avec nos bagages sur le *Vatican*. Le batelier nous avertit que nous devions passer à la police pour obtenir notre permis d'embarquement. Nous fûmes obligés de descendre tous un moment à terre pour que l'Argus de la police napolitaine pût constater notre identité.

Le *Vatican* était un superbe bâtiment, parfaitement aménagé; il leva l'ancre vers 4 heures du soir. Nous eûmes la plus magnifique sortie du golfe de Naples. Le soleil couchant éclairait de ses rayons empourprés la ville, Portici et le Vésuve; c'était un panorama enchanteur dont nous ne pouvions détacher nos yeux.

Nous étions heureux de parcourir ainsi ce golfe de Naples, vaste bassin de 25 lieues de circonférence formé par une enceinte de collines qui s'avancent dans la mer comme deux bras immenses.

Nous vîmes passer successivement sous nos yeux l'île de Nisita avec sa prison politique, les baies de Pouzzoles et de Baïa, plus loin le cap Misène sur notre droite, l'île de Capri et le promontoire de Sorrente sur notre gauche, au delà les îles gracieuses de Procida et d'Ischia : nous étions tous ravis. Il ne fallait pas moins que ce beau spectacle pour nous faire oublier une nouvelle peu rassurante qui avait couru à bord lors de notre embarquement. On nous avait appris que, huit jours auparavant, un paquebot de la Compagnie impériale, tout à fait pareil à celui qui nous portait, avait, dans le trajet de Civita-Vecchia à Livourne, sombré en mer par suite d'un abordage avec un autre bâtiment. Les passagers, à l'exception d'un seul, avaient été sauvés; mais le navire, avec tout ce qu'il contenait, avait complétement péri : c'était le paquebot-poste l'*Aventin*. Cette nouvelle faisait le sujet de toutes les conversations; elle n'était pas, à dire vrai, des plus encourageantes pour notre traversée maritime.

Vers minuit, il y eut un émoi général parmi les passagers; un énorme coup de tonnerre réveilla ceux-mêmes qui étaient endormis, les éclairs se succédaient sans interruption; le roulis augmentait, la pluie et le vent faisaient rage autour de nous. Cependant, malgré ces pronostics fâcheux, nous sommes entrés sans accident le 6 octobre à sept heures du matin dans le port de Civita-Vecchia.

Le *Vatican* y resta jusqu'à quatre heures de l'après-midi : ce moment de tranquillité rétablit dans leur état normal les passagers qui avaient souffert du mal de mer pendant la nuit. Nous étions debout sur le pont au moment où le bâtiment reprit la mer. Bientôt nous nous sentîmes dans d'excellentes dispositions; le roulis ne nous fatiguait pas; nous avons dîné très-confortablement à la table d'hôte du *Vatican* qui était parfaitement servie.

La soirée fut délicieuse; le coucher du soleil était d'un rouge magnifique; les nuages produisaient des effets ravissants auxquels succéda, avec les premières ombres de la nuit, l'apparition resplendissante de la comète: on aurait dit, ce soir-là, qu'elle avait un double noyau, une étoile de premier ordre brillant à travers la longue queue de l'astre chevelu.

Mes trois compagnes descendirent à leur chambre vers dix heures du soir; quant à moi, je restai sur le pont jusqu'à minuit; je vis de loin les rivages de l'île d'Elbe, et l'on m'indiqua l'endroit précis où l'*Aventin* avait disparu : c'était sur la ligne même de l'itinéraire de notre bâtiment.

Enfin, après une nuit excellente, le 7 octobre, à quatre heures du matin, nous entrions dans le port de Livourne ; à sept heures, nous quittions le *Vatican* en parfaite santé, et nous allions prendre un moment de repos à l'hôtel de l'Aigle noir.

ARRIVÉE ET SÉJOUR A FLORENCE

Journées des 7, 8 et 9 octobre

Nous ne sommes restés à Livourne que le temps nécessaire pour remplir les formalités relatives au passe-port. Il nous fallut encore subir la visite de deux douanes : la première, sur le port pour les cigares et les armes à feu, — nous en fûmes bientôt quittes ; — la seconde, à la sortie de la ville, nous fit retourner toutes nos caisses, et nous imposa une taxe de 20 centimes. C'était une grande amélioration sur le système des douanes napolitaines.

Vers dix heures du matin, le 7 octobre, nous avons pris le chemin de fer pour nous rendre à Florence.

Après un trajet de trois heures dans une agréable campagne dominée par les Apennins, nous avons fait notre entrée dans cette ville qui est divisée en deux parties inégales par les eaux de l'Arno. La largeur et la propreté de ses rues, la sévérité et le relief élégant de ses monuments, ces constructions simples et massives qui donnent à cette cité une physionomie si originale, tout nous impressionna favorablement à première vue. Le jour de notre arrivée, nous nous sommes bornés à faire un tour général dans la ville pour en prendre connaissance.

L'ancien Forum de Florence, la place du Grand-Duc frappèrent d'abord notre attention. Elevé à la fin du XIII⁰ siècle, dominé par son haut et hardi beffroi, l'antique manoir des Médicis vous transporte en plein moyen âge. A côté se développe une large galerie à arcades décorées par plusieurs groupes de statues ; cette galerie servait aux rostres du temps de la République florentine.

Au nord du Palais-Vieux, se dresse la statue équestre en bronze de Cosme Ier. Tout cet ensemble a un aspect féodal des plus singuliers.

La place du Dôme est encore plus remarquable ; elle contient la cathédrale Sainte-Marie des Fleurs, le Campanile et le Baptistère. Nulle part nous n'avions rien vu de semblable à ces trois monuments, qui sont d'une grande originalité. Nous les avons visités dans la matinée du 8 octobre.

Le Campanile, merveilleuse création du Giotto, est un beau clocher en style gothique italien ; il a la forme d'une haute tour carrée, entièrement revêtue à l'extérieur de marbres blancs, rouges et noirs admirablement jointoyés. Elle est ornée d'une série de cinquante-quatre bas-reliefs très-bien sculptés et de seize statues.

Le Baptistère, bâti avec les matériaux d'un ancien temple païen, est célèbre par ses trois portes de bronze d'un travail exquis. Celle qui représente les faits tirés de l'Ancien Testament est une œuvre incomparable.

La façade de la cathédrale est nue et fait une triste opposition avec les côtés et l'abside de ce monument, qui a un caractère tout particulier par la riche variété de ses marbres extérieurs. Cette cathédrale possède une coupole majestueuse due au génie de Brunelleschi, qui devança d'un siècle Michel-Ange dans la conception de son œuvre gigantesque.

Les trois nefs qui conduisent au dôme sont, comme la coupole, bâties en blocs d'une teinte grisâtre qui donnent à cette église aux larges proportions une simplicité grandiose. Elle est éclairée par des vitraux d'une couleur foncée d'un grand travail, et qui ne laissent pénétrer qu'un jour mystérieux. Nous sommes allés ensuite visiter l'église de l'Annunziata, d'un aspect tout différent; ses marbres, ses dorures et ses peintures intérieures sont d'une richesse qui rappelle les plus beaux sanctuaires de Rome. La première chapelle à gauche en entrant renferme un autel tout resplendissant de bas-reliefs d'argent et de pierreries.

Deux autres églises furent encore l'objet de notre visite. La première est la vieille église San Lorenzo, qui contient les fameux tombeaux de Laurent et de Julien de Médicis, dus au ciseau de Michel-Ange. C'est dans une chapelle carrée que l'on voit ces tombeaux ornés des statues de ces deux princes, et de celles designées sous les noms du Crépuscule et de l'Aurore, du Jour et de la nuit ; ces statues, admirablement modelées, semblent par leurs diverses attitudes, exprimer un commun dédain de la vie d'ici-bas. La plus célèbre est la statue de la Nuit, qui, comme murée dans son sommeil, a l'air de dire à tous : Je ne veux pas être réveillée.

L'autre église est l'église San Michele, grand édifice gothique carré de l'aspect le plus singulier. Les statues qui décorent l'extérieur sont estimées parmi les meilleures productions de l'ancienne école florentine. La merveille de l'intérieur est le superbe tabernacle en marbre blanc, élevé pour renfermer une image miraculeuse de la sainte Vierge et décoré de magnifiques bas-reliefs et de figures d'anges et de prophètes.

Notre journée s'est terminée par une visite prolongée à la belle galerie des Uffizy, qui renferme une collection de chefs-d'œuvre en sculptures et en tableaux. C'est dans la salle octogone désignée sous le nom de Tribune, que nous avons eu l'avantage d'admirer ces statues à jamais célèbres, la Vénus de Médicis, le jeune Apollon, le Faune dansant, le Rémouleur, les deux Lutteurs, ainsi que plusieurs toiles du Titien, de Paul Véronèse, de Raphaël, de Van-Dyck, du Corrége et et d'Andréa del Sarto.

Le cabinet des gemmes contient, dans six armoires, plus de 400 objets en pierre dure ou en pierres précieuses, telles que lapis-lazuli, agate, porphyre, cristal de roche gravé, et qui sont ciselés de la façon la plus merveilleuse.

Il nous restait encore à voir le palais Pitti, le plus vaste et le plus imposant de tous ceux qui se font remarquer à Florence. Nous l'avons visité dans la journée du 9 octobre.

La façade, toute en bossages, se développe sur une longueur de 180 mètres, comme une redoutable fortification construite avec des rochers entassés par des géants. Il est en effet bâti de gros blocs équarris d'un ton gris foncé; mais les salons intérieurs qu'il renferme, tous brillants de dorures et de marbres, pavés en mosaïques, peints par Pierre de Cortone, sont d'un luxe inouï et constituent l'une des plus magnifiques galeries de tableaux qui existent dans le monde. Ils sont meublés de riches fauteuils et de superbes tables en mosaïques de Florence, montées sur bronze doré.

C'est dans la salle dite de Mars que nous avons vu le tableau original de l'inimitable Vierge à la Chaise de Raphaël. L'éclatante beauté du coloris de ce tableau, l'idéalisation expressive et l'harmonie parfaite des trois figures qui le composent, en font une œuvre hors ligne dont nous ne pouvions détacher nos yeux.

Notre dernière visite à Florence fut pour l'église Santa Croce, sorte de Panthéon florentin où l'on remarque les tombeaux de Michel-Ange Buonarotti, de Machiavel, de Galilée et d'autres grands hommes originaires de Florence.

L'EXCURSION A PISE

Journée du 10 octobre

Le 10 octobre, nous avons quitté Florence à dix heures du matin, nous dirigeant sur Pise, que nous voulions visiter avant de retourner à Livourne, pour reprendre la mer.

La ville de Pise, située sur l'Arno, est bien déchue pour le nombre de sa population ; mais elle possède encore quatre monuments formant un groupe extrêmement curieux : ce sont la Cathédrale, le Baptistère, le Campo Santo et la Tour-Penchée. L'extérieur de la cathédrale est un peu détérioré, bien que la façade soit encore belle avec ses trois portes de bronze sculpté, ses cinq ordres superposés, ses colonnettes de marbre et ses quatre galeries ouvertes ; mais l'intérieur est complet et d'une charmante harmonie. Cette église, toute en marbre, a la forme d'une croix latine ; elle est divisée en cinq nefs, dont celle du milieu est soutenue par vingt-quatre colonnes d'ordre corinthien ; au-dessus s'ouvrent des tribunes à arcades reposant sur d'élégantes colonnettes et qui autrefois étaient assignées aux femmes. Le maître-autel est en lapis-lazuli ; il a coûté 25,000 écus ; en avant de l'autel on voit deux colonnes de porphyre rapportées de Jérusalem, et des stalles en bois d'un très-beau travail de marqueterie. Les deux chapelles du transept sont extrêmement curieuses. La première, dédiée à saint Rénier, patron de Pise, renferme le sarcophage du saint, dont l'histoire est peinte à fresque sur la muraille.

L'autre est la chapelle du Saint-Sacrement ; l'autel et le tabernacle sont en argent ciselé et ont coûté 36,000 écus.

Au milieu de la nef est suspendue une grande lampe en bronze, dont les légères oscillations mirent Galilée sur la voie du pendule.

Le Baptistère, placé à une centaine de pas de la basilique, est de forme circulaire, entouré à la hauteur du premier étage d'une galerie de colonnes du plus bel effet, le tout en marbre blanc. Dans les intervalles des colonnes sont placées d'innombrables statues dont les niches élèvent leurs gracieux contours autour de la coupole.

Dans l'intérieur tout nous parut digne d'attention : la rangée des douze grandes colonnes d'ordre corinthien qui règne autour de l'édifice, la chaire, de forme hexagone, portée par sept colonnes reposant sur des lions et d'autres animaux ; la vasque du baptistère en porphyre, de forme octogone, et dont les huit pans sont revêtus, à l'extérieur, de huit rosaces de marbre de Paros admirablement sculptées.

Le Campanile, de forme cylindrique, a sept étages de colonnes superposées en marbre, et une inclinaison de plus de quatre mètres, qui lui a fait donner le surnom de Tour-Penchée : il renferme sept grandes cloches qui onnent tous les jours.

Le Campo Santo est un vaste rectangle avec des arceaux gothiques d'une élégance exquise, œuvre de Jean de Pise. Le sol du préau qui servait autrefois de cimetière commun, est formé d'une couche de terre apportée de Jérusalem ; on enterrait les grands personnages sous le péristyle, qui est devenu un musée où l'on a réuni un grand nombre de sarcophages antiques et où l'on voit les restes des fresques qui décoraient autrefois ce champ de la mort.

Après la visite si intéressante de ces quatre monuments, nous avons fait une promenade dans le jardin botanique, et nous avons parcouru en voiture les quais de l'Arno ; de là nous avons regagné le chemin de fer, et nous avons pris nos places pour Livourne où nous devions nous embarquer le lendemain, afin d'opérer notre retour en France par Marseille.

TRAVERSÉE DE LIVOURNE A GÊNES
ET DE GÊNES A MARSEILLE

Journées des 11, 12 et 13 octobre

L'excursion à Pise fut la clôture de nos excursions de voyage; il ne nous restait plus qu'à opérer notre retour en France; à cette époque le tunnel du Mont-Cenis n'était pas percé, la voie de Marseille par mer était la plus courte et la plus expéditive.

Nous nous sommes donc embarqués le lundi 11 octobre vers trois heures de l'après-midi sur le *Pausilippe,* magnifique paquebot de la Compagnie impériale, plus spacieux encore et plus richement meublé que le *Vatican*; notre cabine donnait sur le pont, et était la plus proche du salon. Elle était peinte en blanc avec des baguettes d'or; nous avions des portières de velours bleu, et les rideaux de nos petits lits étaient de mousseline brodée, les panneaux des portes étaient décorés de figures d'Amours et de guirlandes de fleurs.

Nous avions pour patron de notre navire le capitaine Chausse, dont le visage mâle et la physionomie fortement accentuée et caractéristique annonçaient une

longue expérience de la mer; quinze matelots compo-
saient son équipage.

Le temps avait été chaud toute la journée; il y avait
comme de sourdes menaces d'un orage dans l'air. A
peine étions-nous sortis du port, que la pluie tomba
et nous força à quitter le pont pour chercher un abri
dans nos cabines. Nous étions désolés de ce contre-
temps, et le roulis commençait à nous inquiéter,
quand vers cinq heures nous nous aperçûmes que le
bâtiment ne marchait plus. Nous ne savions que pen-
ser de ce fait étrange à nos yeux; mais on nous apprit
que c'était un arrêt volontaire, et que cet arrêt n'avait
pour but que de nous laisser la faculté de dîner plus
tranquillement. Le dîner se passa, en effet, d'une
manière convenable; quand la pluie eut cessé, nous
remontâmes sur le pont afin d'avoir plus d'air.

Le capitaine Chausse vint nous saluer très-courtoi-
sement; comme nous lui exprimions nos inquiétudes au
sujet du temps, qui paraissait tourner à l'orage: « Bah!
bah! dit-il, cela ne sera rien; d'ailleurs la pluie ne fait
pas de mal en mer. »

Je lui demandai si le paquebot allait bientôt se
remettre à marcher : « Oh! reprit-il, nous restons ici
en place jusqu'à dix heures du soir; il nous suffira de
six heures de traversée pour arriver à Gênes, et nous
ne pourrions entrer dans le port au milieu de la nuit;
c'est pourquoi nous sommes obligés de faire une halte. »

La nuit arriva bientôt et ne se passa pas sans l'orage
que nous avions redouté; mais il ne souleva pas la mer
d'une manière inquiétante et nous donna seulement
quelques coups de tonnerre avec une pluie abondante.

Vers cinq heures du matin, le 12 octobre, nous entrions dans les eaux du port de Gênes ; une fois là, nous étions rassurés.

La vue de ce port est magnifique ; la ville, avec ses palais de marbre, ses fortifications et ses casernes, s'élève en amphithéâtre sur le penchant des montagnes, au fond du golfe qui porte son nom.

Nous avions tout le temps d'admirer ce beau panorama qui se déroulait autour de nous ; car le bâtiment ne devait reprendre sa navigation que vers trois heures de l'après-midi.

Pendant que nous étions à nous promener sur le pont dans un moment d'éclaircie, le capitaine Chausse vint encore nous aborder : « Eh bien ! nous dit-il, vous n'êtes donc pas descendus à Gênes? Le mauvais temps vous en a sans doute empêchés. — Oui capitaine, repris-je ; les rafales de pluie nous ont décidés à rester à bord ; mais que pensez-vous de notre future traversée? Aurons-nous une bonne nuit ?

Il se prit à regarder le ciel avec une certaine inquiétude, dont l'expression n'échappa pas à nos regards.

« Pouvez-vous, lui dis-je, nous assurer que nous n'aurons pas une tempête ? »

Le capitaine hocha la tête, et répondit avec un ton d'aigreur mal déguisée : « Oh ! qu'est-ce que cela peut vous faire, à vous autres passagers ? Vous serez dans vos lits bien à votre aise ; vous n'aurez à vous préoccuper de rien. » Ces paroles énigmatiques nous paraissaient, je l'avoue, médiocrement rassurantes.

Quelques instants après, nous vîmes entrer dans le port un paquebot venant de Marseille ; il avait huit heures de retard, ce qui indiquait une très-mauvaise mer.

A trois heures de l'après-midi, tous les passagers étant à bord, le *Pausilippe* leva l'ancre. Aussitôt que nous fûmes sortis du port, nous reconnûmes que la mer était extrêmement agitée ; les vagues imprimaient au paquebot un balancement si prononcé et des secousses si réitérées, que ma fille se hâta de descendre dans notre cabine pour se soustraire à ce spectacle qui l'effrayait. La violence du vent et la hauteur des vagues augmentaient de plus en plus ; ma belle-mère, qui se sentait glacée, fut bientôt dans la nécessité de rejoindre ma fille et fut immédiatement atteinte du mal de mer. Quant à ma femme, enveloppée de sa couverture, elle tenait bon et restait sur le pont avec moi.

Cependant l'agitation de la mer s'accroissait incessamment ; l'eau avait pris une teinte couleur d'ardoise sur laquelle tranchait admirablement l'éclat d'argent de l'extrémité poudreuse de ses vagues. Les rafales de vent nous coupaient le visage et l'écume des flots commençait à se répandre jusque sur l'arrière du bâtiment qui nous portait. Force nous fut enfin de déguerpir ; c'était précisément l'heure du dîner ; mais à peine ma femme eut-elle descendu l'escalier du pont que le mal de mer la saisit.

Je me trouvai seul à la table avec le capitaine ; le domestique qui nous servait s'écria : « Ah ! voilà un monsieur qui a le pied marin ! » C'était le plus singulier dîner qu'il fût possible d'imaginer. Sept traverses de cordes avaient été adaptées à la table pour tenir tout ce qui était servi avec les assiettes, les couteaux, les verres, les bouteilles, etc. Une foule de plats, et seulement deux convives pour y toucher.

Mais quand j'eus avalé le potage, je fus obligé de

me retirer à cause du prodigieux balancement du
navire.

Pour me raffermir, je voulus remonter un moment
sur le pont, et j'y vis un magnifique effet de ciel; le soleil
en se couchant, jetait d'immenses lueurs d'une teinte
jaune sur les nuages épais qui enveloppaient l'atmosphère et sur les vagues écumantes; ce fut comme un
embrasement général du reflet le plus extraordinaire.
Mais ce phénomène d'optique ne dura pas longtemps,
et la tempête continuant ne me laissa pas d'autre
alternative que de redescendre à notre cabine où je
me jetai à mon tour sur un lit.

La nuit fut affreuse; nous étions heureusement tous
les quatre ensemble; mais la position était critique,
l'inquiétude m'empêcha de fermer l'œil un seul instant,
bien que je ne fusse pas malade. On entendait le cla-
potement des vagues qui balayaient tout l'intérieur du
pont avec tant d'abondance que le capitaine donna
l'ordre de ne plus marcher qu'à demi-vapeur pour que
les eaux n'atteignissent pas la machine : cela nous causa
un retard de sept heures.

Deux vents contraires et d'une violence extrême, le
sirocco, vent chaud du sud, et le mistral, vent froid du
nord se livraient, dans les airs un combat au milieu
duquel notre paquebot se trouvait enveloppé; pas un
matelot ne se coucha, et le capitaine Chausse ne quitta
pas le pont; bien nous en prit, car au milieu de la
nuit un navire à voiles désemparé et qui ne savait plus
se gouverner parmi ces tourbillons de vents, manqua de
se jeter sur notre bâtiment; heureusement la surveil-
lance était grande à bord : un cri général retentit qui
nous glaça de terreur; mais la promptitude des manœu-

vres des matelots fit éviter le malheur d'un abordage ; le navire passa très-près de notre bâtiment, mais sans le toucher.

Toutefois la tempête ne cessait pas ; dès que le jour parut, je montai sur le pont pour examiner l'état de l'atmosphère et de la mer ; il n'y avait pas moyen de s'y tenir à cause de la violence du mistral qui avait définitivement pris le dessus. Le ciel était très-pur, l'air extrêmement froid, et le roulis toujours très-fort quoique la mer fût un peu tombée. Ma fille, qui n'avait pas été indisposée, avait repris toute sa gaieté.

Nous passâmes devant les îles d'Hyères, puis devant Toulon à l'heure où nous aurions dû arriver à Marseille ; enfin, le 13 octobre, vers trois heures de l'après-midi, nous aperçûmes les rochers du château d'If, et nous fîmes notre entrée dans le port de la Joliette. Ce fut un grand bonheur pour nous, après vingt-deux heures d'agitation incessante, de retrouver la terre ferme et de nous reposer à Marseille de nos longues émotions.

Notre voyage était terminé ; nous effectuâmes sans fatigue notre retour de Marseille à Paris dans les journées des 14, 15, 16 octobre.

Ainsi ce voyage si beau, si intéressant sous tous les rapports, s'était accompli dans les plus heureuses conditions, et nous avait laissé les plus charmants souvenirs.

Mais hélas ! ces souvenirs sont maintenant enveloppés pour moi de deuil et de tristesse, puisque j'ai perdu les trois amies qui m'avaient accompagné dans mes excursions.

La treizième année de mon second mariage fut encore pour moi l'époque des plus pénibles épreuves. C'était cette année 1871, marquée en lettres de sang et de feu dans les annales de notre malheureuse patrie : elle devait également étendre ses calamités sur ma famille : j'ai été une seconde fois meurtri dans mes affections les plus chères, et j'ai pu redire avec le Roi-Prophète :

« Je suis devenu semblable au pélican du désert, semblable au hibou dans sa solitude.

» J'ai passé les nuits comme le passereau solitaire sur son toit.

» Seigneur, hâtez-vous de m'exaucer ; car mon âme est dans la défaillance.

» Ne détournez pas de moi votre visage, de peur que je ne ressemble à ceux qui descendent dans la tombe. Faites-moi entendre la voix de votre miséricorde, parce que j'ai élevé mon cœur vers vous.

» Votre esprit plein de bonté me conduira dans le droit chemin, et pour la gloire de votre nom, Seigneur, vous me rendrez la vie dans votre équité. »

(Voir la note explicative.)

NOTE EXPLICATIVE

Clotilde-Léonie Martin-Solon était fille du docteur Martin-Solon, membre de l'Académie de médecine, agrégé à la Faculté de Paris, chevalier de la Légion d'honneur, et de Clotilde-Rosa Paris.

Sa mère, Mme veuve Martin-Solon, épousa en secondes noces, le 7 février 1859, M. Louis-René Frère, riche négociant, qui possédait une très-belle maison de campagne à Chilly-Mazarin, près Longjumeau. Monsieur Frère fut un véritable ami pour moi ; il mourut à Cannes le 15 mai 1867.

Trois ans auparavant j'avais perdu mon père, décédé subitement le 17 mai 1864 à sa maison de campagne du Mesnil-Aubry.

Mme veuve Frère, ma belle-mère, y mourut aussi le 29 juillet 1870.

Enfin, dans l'année 1871, je perdis successivement :

Le 25 juin, mon frère Amand Thibault ;

Le 29 juillet, ma fille Caroline-Amanda Thibault, mariée en 1863 à M. Alfred Savouré, maire actuel du 20me arrondissement ;

Et le 3 août, ma seconde femme Clotilde-Léonie Martin-Solon âgée seulement de quarante ans.

Ces trois catastrophes, survenues coup sur coup à la suite des désastres de la France, me jetèrent d'abord dans un abattement qui semblait devoir me paralyser tout entier ; cependant, ô mon Dieu ! vous ne vous êtes pas éloigné de moi en me frappant ; j'ai senti dans mes tribulations le secours tout-puissant de votre grâce surnaturelle, et sous le coup de mes douleurs, je n'ai pas cessé de répéter ce verset du Psalmiste :

» Seigneur, j'ai mis en vous mon espérance, elle ne sera pas à jamais trompée. »

ALEXANDRE THIBAULT.

Paris. — Imprimerie de B. Donnaud, rue Cassette, 9.